❏ **组　编**　武汉市光谷第七初级中学

❏ **主　编**　孙奇誉　刘翠姣

❏ **副主编**　李霄飞　李　华　任少俊

　　　　　　向　婵　冯光琼　魏　沙

❏ **编　委**　范　雄　蔡明永　刘桢艳　何小宇

　　　　　　杨晨曦　王凤娇　黄　赛　徐欧琦

　　　　　　韩　敏　朱小兰　何　莎　湛艳华

"双减"下的破壁与突围

——新时代乡村学校教学改革实践

华中科技大学出版社
http://press.hust.edu.cn
中国·武汉

图书在版编目（CIP）数据

"双减"下的破壁与突围：新时代乡村学校教学改革实践 / 武汉市光谷第七初级中学组编；孙奇誉，刘翠姣主编. -- 武汉：华中科技大学出版社，2025. 5. -- ISBN 978-7-5772-1430-6

Ⅰ. G725

中国国家版本馆 CIP 数据核字第 2025SZ4359 号

"双减"下的破壁与突围　　　　　　　　　　　武汉市光谷第七初级中学　组编
———新时代乡村学校教学改革实践　　　　　　　孙奇誉　　刘翠姣　主编
"Shuangjian" Xia de Pobi yu Tuwei
———Xinshidai Xiangcun Xuexiao Jiaoxue Gaige Shijian

策划编辑：张馨芳
责任编辑：吴柯静
封面设计：廖亚萍
版式设计：赵慧萍
责任监印：曾　婷
出版发行：华中科技大学出版社（中国·武汉）　　　电话：(027) 81321913
　　　　　武汉市东湖新技术开发区华工科技园　　　邮编：430223
录　　排：华中科技大学出版社美编室
印　　刷：武汉科源印刷设计有限公司
开　　本：710mm×1000mm　1/16
印　　张：14.5　　插页：2
字　　数：280 千字
版　　次：2025 年 5 月第 1 版第 1 次印刷
定　　价：98.00 元

Preface

前 言

　　这本书的诞生是个"意外"，当我提出要出版一本学校教学改革专著的大胆构想时，老师们都觉得这是项不可能完成的任务。因为，作为一所乡村学校①的老师，可能从来没想过有一天能参与"专著"的编写。从这个意义上未说，这本书凝聚的不仅是全体编写组成员的经验与智慧，更凝聚了他们的勇气与坚持。

　　这本书的诞生也是"必然"，我在武汉市光谷第七初级中学（以下简称光谷七初）工作的四年，也是我和老师们不断创新、不断突围的四年，我们在落实"双减"政策的路上克服了许多的困难，但一直勇往无前，从未退缩，留下了一串串或深或浅的足迹，创造了很多个校史上的"第一次"，第一次编写专著只是其中之一。这本书是我们走过的路，也是我们前行的灯。

　　光谷七初的前身是江夏区豹澥初级中学，位于武汉市东北角的一个小镇上，但该校学生大多来自农村和当地还建社区，大多数家长外出务工，导致家庭教育严重缺失，但"吃过没文化的苦"的家长对留守在家的孩子寄予厚望。该校虽然在城市化进程中更新了面貌，但肩负的仍然是乡村教

---

　　① 据武汉市相关文件，武汉市光谷第七初级中学暂被认定为农村学校。

育的使命。光谷七初有 70 多年的办学历史，在一代又一代淳朴的乡村教师的影响下，时间加汗水式的勤奋已经刻入老师们的基因，陈旧的教学方式和低效的学习方式导致师生普遍陷入"勤奋陷阱"，学生学业负担过重，老师教学质量差。

2021 年，中共中央办公厅、国务院办公厅印发《关于进一步减轻义务教育阶段学生作业负担和校外培训负担的意见》，明确提出了学校要全面压减作业总量和时长，减轻学生过重的作业负担；提升学校课后服务水平，满足学生多样化需求；大力提升教育教学质量，确保学生在校内学足学好等要求。

面对学校现实状况和"双减"政策的要求，我们必须找到一条破局之路。

历时四年，我们完成了作业减负、课堂改革、评价创新，探索了"四三三"结构化学习流程、三级任务驱动教学模式、"学友"互助学习方式、"双限"作业管理、"微诊断"评价下的学情反馈、教学练评一体化等策略。经过系列改革实践，学校教学质量有了明显提升，各方面均取得长足进步，师生关系更加融洽，家校共建不断深入，办学品质大幅提升，社会影响力日益增强。

本书分六章来梳理以上改革成果，并辅以大量的案例进行说明，力求还原我们改革的历程，分享改革的经验，以期为处于相同困境中的乡村学校带来点滴帮助。参与编写的老师全部是深度参与改革实践的老师，这是一群在困境中摸索着前行的勇者，也是一群乡村教育的守望者。编写的过程既是对过往工作的回顾与总结，也是对未来教育教学工作的重新思考，写下的是实践过程，更是心路历程，没有高深的理论，只有朴实的做法，平凡而真实。

回望过去四年的改革之路，我联想到德国哲学家德勒兹在《资本主义与精神分裂：千高原》中关于生姜的隐喻。生姜因为在黑暗的地下，不知道养分在哪里，只能努力探向四面八方，自己去摸索，去寻找营养，最终长成自己的样子。我们在乡村教育的困境中左冲右突，不断探索，最终破壁突围。

　　限于水平，本书难免有诸多不足，感谢华中科技大学出版社编辑的艰辛付出。一群乡村教育人能将自己的实践变成一本书，对老师、对学校都是莫大的鼓励，为此我由衷地感激和自豪。

2024 年 11 月

Contents

目 录

第一章　教学改革的理论逻辑与实践路向

第一节　"双减"背景下的教学改革

一、"双减"政策提出的背景、基本内容和要求

（一）"双减"政策提出的背景

近年来，中国教育领域出现了一些令人关注的问题，如学生课外负担过重、升学压力过大等。为了解决这些问题，切实减轻学生过重的课业负担，提高教育质量，2021 年 7 月 24 日，中共中央办公厅、国务院办公厅印发《关于进一步减轻义务教育阶段学生作业负担和校外培训负担的意见》（以下将其中涉及的政策简称为"双减"政策），旨在切实减轻义务教育阶段学生过重的学业负担，维护学生身心健康，促进教育公平。"双减"政策的出台，标志着我国义务教育阶段学生的作业负担和校外培训负担将得到全面规范和治理。这一政策的实施有助于促进教育的公平、健康和可持续发展。

（二）"双减"政策的基本内容和要求

"双减"政策的主要内容包括三个方面：一是严格控制义务教育学校作业总量，防止布置过多过难的作业；二是全面治理校外培训机构，严格规范培训收费、培训教师资格、培训课程内容等；三是建立健全学校、家庭、社会的教育协同机制，形成教育合力。通过这些措施，切实减轻学生的课业负担，为学生提供更多的休息时间和自主学习空间。

二、"双减"政策对乡村学校教育的新要求

（一）"双减"政策对乡村学校传统教育的冲击

"双减"政策旨在缓解学生过重的学业压力，减少教师过多的非教学性工作，以促进学校教育的健康发展。"双减"政策的实施对传统教育产生了深远的影响，挑战了传统教育模式的现状。作为一所地处城乡接合部的乡村学校，光谷七初的主要教育模式是传统教育模式。在教育教学方面，光谷七初一直以严谨的纪律、重视基础知识的传授和灌输式教学著称，传统的课堂教学模式占主导地位。

传统教育模式存在着一些普遍性的问题，包括过分注重应试教育、学生课业负担过重、教师教学压力大、教学内容和方式单一化等。学生长时间繁重的课业负担使得他们缺乏足够的时间进行充分的自主学习和全面发展，而教师在超负荷的教学任务下难以有更多精力关注教学质量的提升。

"双减"政策对乡村学校传统教育教学内容和方式产生了深刻的影响。"双减"政策的实施促使乡村学校重新审视传统的教育教学模式。学校需要根据新的政策导向，调整教学内容，强化学生的综合素质培养，并探索更加灵活多样的教学方法。同时，乡村学校还要因地制宜，结合本地实际情况，创新教育教学实践，满足学生全面发展的需求。这些变革无疑要求教师提升专业素养，不断优化教学策略，为学生提供更优质的教育服务。

"双减"政策的实施给乡村学校传统教育教学理念带来了挑战与机遇。一方面，取消学期考试和减轻课业负担，意味着传统的应试教育将受到冲击；另一方面，减轻教师工作压力，使得教师有更多的时间和精力去进行教学内容和方法的更新和改进，也为教育教学模式的创新提供了契机。

"双减"政策给乡村学校教师队伍建设和专业发展带来了新的挑战。教师面临的非教学任务日益减少，这要求他们更多地关注教学本身，提升教学质量，因此需要更高水平的专业素养和教育教学技能。

"双减"政策的实施对乡村学校学生综合素质的培养提出了新的要求。学校的教育理念须逐渐转变为注重培养学生的创新思维、实践能力和综合素质，引导学生积极参与课外活动、社会实践，培养专业技能，使学生全面发展。

在"双减"政策的影响下，传统教育必须朝着注重学生个体发展、多元化发展以及注重教师专业发展的方向转变。学校教育未来将更多地关注学生的个性化需求，教师将获得更多的教学自主权，教育质量才会得到进一步提升。

（二）"双减"政策对乡村学校教育的新要求

　　"双减"政策的实施，使得乡村学校的教学压力有所减轻，同时也对乡村学校教育提出了一系列新的要求。

　　第一，必须加强教师队伍建设，提高教师的专业素养和教学水平。光谷七初的教师队伍主要由本地在编教师和聘用制年轻教师组成，本地在编教师长期以来采用的是传统的教育模式，聘用制年轻教师尚未有成熟的教育教学经验。基于特殊的校情，学校应当注重教师的专业发展，提供多种形式的培训和学习机会，鼓励新老教师进行教学研究和创新，提高教师的专业素养和教学能力。学校需要加大对教师的教学改革培训力度，从根本上改善乡村学校的教学质量。

　　第二，传统教学理念需要进行调整和变革。在"双减"政策背景下，传统教学理念需要进行相应的调整和变革。教师需要改变传统的教学方式，重视学生的实际学习需求，注重培养学生的综合能力和创新思维，创新教学方法，提高教学质量。教学内容也需要更加贴近学生的生活和实际，引入更多实践性教学和跨学科知识，以适应现代社会的发展需求。

　　第三，传统教育教学理念与方式需要进行调适与创新。面对新的要求，乡村学校传统教育教学理念与方式需要进行调适与创新。教师们要制订符合学生需求的教学计划，创造更加生动有趣的教学方式，引导学生积极参与，注重体验式学习和合作学习，打破传统课堂的桎梏，激发学生的学习兴趣和主动性，使学生在感知世界、思考问题、解决问题的过程中，真正实现知识的内化。

　　第四，实现传统教学理念与现代教育理念的融合与发展。教学改革的最终目标是要实现传统教学理念与现代教育理念的融合与发展。乡村学校教育需要在传承优秀传统的基础上，引入现代教育理念，培养学生的综合素质和创新能力。这恰恰是"双减"政策所倡导的教育目标，也是未来乡村学校教育的发展方向。光谷七初历经三次改革，每一次改革都是对以往的继承与创新。

　　第五，完善教学评估机制。学校应当建立完善的教学评估机制，对教师的教学过程和效果进行定期评估和监督。同时，学校还应当注重学生的学业评估，采用多种评估方式和方法，全面了解学生的学习情况和进步情况。根据评估结果，学校应当及时采取措施，对教学进行改进和优化。

最后，学校还需加强对学生的管理，加强对学生行为规范的培养和塑造。学校需要制定科学的学生管理制度，关注学生身心健康成长，引导学生树立正确的人生观和价值观。此外，还要与家长密切合作，共同关注学生的成长情况，形成学校、师生、家长及社会的教育合力。

总之，"双减"政策为乡村学校发展注入了新的动力，但也带来了新的挑战。乡村学校要主动适应政策变革，创新发展思路，采取有针对性的应对措施，推动自身高质量发展，为乡村教育事业贡献力量。

第二节　教学改革的基本理论

一、乡村学校教学改革实践的必要性

乡村学校基础教育长期面临着发展的困境。与城市学校相比，乡村学校普遍存在师资力量薄弱、教学设施落后、学生家庭经济条件贫困等问题，学生的基础教育质量难以得到保证。这不仅影响了乡村学生的学习成绩，也加大了城乡教育差距，不利于实现教育公平。因此，推动乡村学校基础教育的改革与发展，已成为我国教育事业中一项刻不容缓的重要任务。

乡村学校基础教育质量的提升，对于缩小城乡发展差距、实现教育公平至关重要。良好的基础教育为学生后续的学习奠定了基础，是学生健康成长的根本保证。与城市学校相比，乡村学校学生普遍面临着家庭经济条件较差、学习环境相对简陋等问题，更需要优质的基础教育资源。只有提高乡村学校的基础教育质量，才能确保广大农村学生享有公平的教育机会，促进教育公平正义的实现。

当前，我国基础教育正处于深化改革的关键时期。尽管近年来基础教育领域已经进行了一系列积极的改革尝试，但与社会发展日新月异的要求相比，基础教育的整体质量和人才培养效果仍然存在不少短板和问题。

首先，传统应试教育导向下的中学课程体系存在结构性失衡，学生个性化发展受限。长期以来，我国中学教学注重应试知识的传授，忽视了学生的综合素质培养，致使学生的创新精神和批判性思维等关键能力难以得到应有的培养

和发展。与此同时，应试导向也加剧了中学教育的同质化趋势，难以适应不同地区、不同家庭背景学生的多样化需求。

其次，教学模式呈现僵化状态。教学方法缺乏灵活性和变革性，教学形式固定单一，难以满足学生多样化的学习需求。传统的"填鸭式""灌输式"教学，往往将学生置于被动接受的地位，忽视了因材施教的教学理念。教师常常缺乏灵活多样的教学方法和手段，很难调动学生的主动性，激起其探究欲望，从而影响了学习效果。

再次，单一的考试评价机制，过于注重学业成绩，难以全面评价学生的发展状况。中学教育过分重视分数和排名，忽视了对学生创新精神、实践能力、社会责任心等方面的评估，这不利于学生全面而个性化的发展。

最后，师资队伍很难适应新时代教育改革的需求，整体素质亟待提升。一些教师的教学理念和专业技能存在明显的滞后性，难以胜任鼓励学生创新探究的新型教学任务。教师职业发展通道不畅，缺乏持续培训和激励机制，亦制约了中学教育改革的推进。

针对上述基础教育改革中的关键问题，深化基础教育教学实践，探索符合新时代要求的改革路径，已成为当前教育领域的紧迫任务。

二、教学改革的基本理念

教学改革是教育事业发展的内在要求和必然趋势。在当前知识经济和信息化时代背景下，传统的教学模式已经难以适应社会发展的需求，教学改革势在必行。教学改革的基本理念主要包括以下方面。

（一）以学生为中心

教学改革的根本宗旨是为了提高学生的学习质量，培养学生的综合素质和能力，因此必须以学生的发展需求为出发点和落脚点，充分尊重学生的主体地位，激发学生的主动性和创造性。

（二）注重过程与方法

教学改革不能只注重知识传授和技能训练的结果，更要重视学习过程的设计和学习方法的培养，使学生能够掌握有效的学习策略，提高自主学习和终身学习的能力。

（三）强调知行合一

教学改革应注重理论知识与实践应用的有机结合，使学生能将所学知识灵活应用于实际问题的解决上，培养学生的实践能力和创新意识。

（四）促进个性发展

教学改革要充分考虑学生的个体差异，采取个性化的教学方式，为学生创设自主发展的空间，激发学生的潜能，促进个性化成长。

（五）注重多元评价

教学改革应建立多元化的评价体系，不仅关注学生的知识掌握和技能水平，更要重视学生的学习态度、创新精神和综合素质的培养，充分调动学生的学习积极性。

三、教学改革的目标与任务

教学改革的根本目标是提高人才培养质量，培养学生的创新精神和实践能力，使其能够适应社会发展的需要。具体来说，教学改革的主要任务包括以下几个方面。

培养学生的创新能力。教学改革要摆脱应试教育的束缚，培养学生独立思考、勇于创新的能力，培养学生发现问题、分析问题和解决问题的能力，提高学生的创新意识和创新潜力。

增强学生的实践能力。教学改革要加强理论知识与实践应用的结合，通过实验实践、项目实训等环节，培养学生的动手能力、组织协作能力和解决实际问题的能力，提高学生的职业技能和就业竞争力。

提高学生的综合素质。教学改革要注重培养学生的人文素养、交流沟通能力、团队合作精神等，全面提升学生的综合素质，使其能够适应复杂多变的社会环境，成为社会发展所需的复合型人才。

培养学生的终身学习能力。教学改革要帮助学生掌握有效的学习方法，培养其自主学习和终身学习的意识和能力，为学生今后的持续发展奠定基础。

第三节　教学改革的实践路向

一、教育理念更新与教育现代化

教育理念的更新是基础教育教学改革的根本所在。只有牢固确立新的教育理念，才能指引基础教育改革的正确方向，推动教育事业的现代化发展。

首先，要树立以学生为中心的教育理念。过去中学教育过于注重应试教学，过多地关注学生的成绩表现，忽视了学生的个性发展和全面素质培养。新的教育理念要把学生的个性特点、兴趣爱好、发展需求作为教育的出发点和落脚点，尊重学生的主体地位，调动学生的积极性和创造性，促进学生的全面发展。

其次，要注重培养创新型人才的教育理念。面对社会发展对人才素质的新要求，中学教育要着眼于培养学生的创新精神和创新能力，注重培养学生的批判性思维、解决问题的能力、动手实践的技能等，为学生未来的创新发展奠定基础。

再次，要坚持科学、开放的教育理念。中学教育要树立与时代同步的教育理念，坚持科学性、民主性、开放性，充分利用现代信息技术，创新教育方式方法，打造开放融合的教育生态，培养学生的创新思维和终身学习意识。

最后，要建立德智体美劳全面发展的教育理念。中学教育要回归育人的本质，实现德智体美劳五育并举，培养学生的社会责任感、人文素养、审美情趣、实践能力等，促进学生的全面发展，使他们成长为社会主义事业的建设者和接班人。

二、教学改革的关键环节

教学方法与手段的变革是教学改革的重要内容。传统的教学方法以教师为中心，采用灌输式教学，难以满足当前教育发展的需求。教学改革要以学生为中心，采用多样化的教学方法和手段，调动学生主动参与，改善教学效果。教学改革涉及教学内容、教学方法、教学评价等多个层面，其中的关键环节主要包括三个方面。

一是教学内容的改革。教学内容的改革应该遵循知识更新、结构优化、应用导向的原则，增加前沿知识和实践技能的比重，减少知识的重复性和冗余性，促进学科之间的交叉融合，满足学生全面发展的需求。

二是教学方法的创新。教学方法的创新应该注重由"教"向"学"的转变，采用启发式、探究式、讨论式等教学方法，激发学生的学习兴趣和主动性，培养学生的创新思维和实践能力。教学方法与手段的变革需要教师不断探索和创新，以构建符合学生发展需求的教学模式，切实提高教学质量。

三是教学评价的改革。学校要摒弃单一的标准化考试模式，建立多元化、动态化的评估体系。对学生不仅要关注学习结果，更要注重学习过程，全面评价学生的知识、能力和素质的发展，避免简单的分数评判，为学生的个性化成长提供反馈。通过多维度、全过程的评估方式，更加全面和客观地反映学生的学习状况和教学成效。

总之，教学改革是一个系统工程，需要从教学内容、教学方法、教学评价等多个层面入手，通过持续不断的优化与创新，最终实现人才培养质量的不断提升。

三、教学模式的创新

教学模式的创新是中学教学改革的关键所在，必须推动教学模式从传统向现代的转变。

首先，要推进启发式、探究式教学。过去中学教学过于注重知识灌输，缺乏对学生主体性的认识和运用。新的教学模式要以启发式、探究式为主导，鼓励学生提出问题、分析问题、解决问题，培养学生的创新思维和实践能力。问题导学、项目式学习、案例教学等都是很好的尝试。

其次，要推广合作式、互动式教学。传统的单向灌输式教学已难以满足学生的个性化需求，要大力倡导学生之间的合作交流，教师与学生之间的互动交流，营造良好的师生关系和学习氛围，提高学生学习的主动性和参与度，如小组合作学习、师生互动讨论等都是很好的实践。

再次，要重视个性化、差异化教学。每个学生都有自己的特点和需求，教学模式要充分考虑学生的个体差异，采取分层教学、个性化辅导等方式，满足不同学生的学习需求，促进每个学生的全面发展。

最后，要坚持实践性、体验性教学。教学不能仅停留在理论层面，而要注重学生的实践操作和亲身体验，如组织学生参与社会实践、科技创新竞赛、艺术展演等，培养学生的实践能力和创新精神。

综上所述，中学教学模式改革的关键在于以学生为中心，倡导启发式、探究式、合作式、个性化的教学方式，实现从知识灌输向培养综合素质的转变，为学生的全面发展奠定基础。

第四节　教学改革的"变"与"不变"

基础教育教学改革的核心在于，坚持以学生为中心，促进学生全面发展，培养创新人才，推动教育现代化。改革的关键领域包括课程设置、教学方法、师资培养等。其中，在教学方法上，要摒弃简单的灌输式教学，采取启发式、探究式、合作式、个性化等多样化的教学方法，激发学生主动学习的兴趣。

一、"变"的体现与策略

（一）教育理念的变革

在教学改革中，教育理念的变革是首要任务。从传统的应试教育向素质教育转变，强调培养学生的综合素质和创新能力。此外，教育理念还强调尊重学生个体差异，关注学生个性化发展。

（二）教学模式的变革

传统的教学模式以教师为主导，学生被动接受知识。教学改革倡导以学生为中心，教师引导学生自主学习、合作学习。

（三）教学方法的变革

教学方法改革主要体现在启发式教学、探究式教学、项目式教学等方面。这些方法有助于激发学生的学习兴趣，培养学生的创新思维和实践能力。

（四）教学评价的变革

从传统的考试成绩导向，转向注重学生的全面发展，强调过程性评价与发展性评价并重。教学评价方式的多元化，突出了学生学习的主体地位，为学生个性化发展提供了更为宽广的空间。同时，教学评价的重点也从单一的知识技能考核，转向对学生综合素质的评估，这样能更好地引导教学目标的实现。

总之，基础教育教学改革的"变"在于，从知识灌输型向素质教育型转变，从应试教育向学生全面发展转变，从单一教学模式向多样化教学方式转变。这些改革的关键在于，坚持以学生为中心，培养学生的创新精神和实践能力，为社会培养适应未来发展需求的复合型人才。

二、"不变"的核心要素

（一）教育本质不变

尽管教育理念、教学模式、课程体系等方面发生了变革，但教育本质始终不变，即为人类文明的传承和发展服务。教育旨在培养具有道德、智慧、身体、心理等多方面素质的人才。

（二）教师主导作用不变

在教学改革中，教师的主导作用始终不变。教师是教学过程中的组织者、引导者，对学生的学习和发展具有关键性作用。教师应不断提升自身素质，适应教学改革的需要。

（三）学生主体地位不变

学生始终是教学活动的主体。教学改革强调尊重学生的个体差异，关注学生的个性化发展。在改革过程中，学生的主体地位不应被忽视。

三、"变"与"不变"的平衡

教学改革中的"变"与"不变"是相辅相成的。在改革过程中，我们要正确把握"变"与"不变"的平衡，既要积极推动教育理念、教学模式、课程体系等方面的变革，又要坚守教育本质、教师主导作用和学生主体地位等核心要素。

四、教学改革成效评估

教学改革成效评估是衡量改革成果的重要手段。评估应从以下方面进行。

一是教育理念是否深入人心，教师、学生、家长等各方是否认同改革理念。

二是教学模式是否能真正实现以学生为中心，教学质量是否得到提高。

三是课程体系是否满足人才培养需求，是否能提高学生的综合素质。

四是教学方法是否激发学生的学习兴趣，是否能培养学生的创新能力。

第二章 课堂变革——任务驱动式长短课

第一节 任务驱动式长短课的内涵特征

一、任务驱动式长短课策略提出的背景

在信息科技迅猛发展的当下，知识更新的速度前所未有，传统教育模式难以适应现代社会对全面型、创新型人才的需求。学生不仅需要在学科知识层面有所积累，还需要在实践、创新、合作等领域展现出一定的能力。然而，传统课堂以教师为中心的讲授式模式，将学生置于被动接收信息的位置，缺乏探索与实践的空间。这种模式的局限性显而易见：它忽略了学生个体的独特性，抑制了批判性思维和创造力的萌芽。

为了突破这种教学模式的瓶颈，教育者提出了任务驱动式长短课策略，这一策略旨在通过任务引导学习者完成从知识理解到应用的转化过程，从而实现理论与实践的有机结合，并提升学生的自主学习与合作探究能力。以下将结合历史背景与教育发展趋势，探讨该策略提出的多重动因。

（一）新课程改革与素质教育的推动

时代需求的驱动：现代社会的复杂性和多变性要求教育从知识灌输转向能力培养。素质教育在此背景下应运而生，其核心在于推动学生德、智、体、美、劳全面发展，提升个体在未知情境中的适应能力和创造能力。新课程改革为素质教育提供了理论依据与实施路径，明确提出教育应从"教会学生知识"转变为"教会学生学习"。

对课堂生态的再造：素质教育对课堂提出了全新要求。以往的课堂关注结果，却忽视了过程；聚焦单一目标，却忽略了多元潜力的开发。任务驱动式长短课策略以学生为主体，强调学习任务的多样性与层次性，通过真实任务激活学生的学习动力。

（二）课堂教学模式的转变

传统教学的局限：传统教学往往重在知识传授，教学流程单一，忽略了学生作为学习主体的能动性。这种模式不仅限制了学生思维的拓展，也使教学质量难以突破瓶颈。

创新教学的崛起：伴随着教学观念的转型，课堂逐渐转向多元化与个性化，"任务驱动"与"长短课结合"应运而生。"目标导学、问题引领、任务驱动、当堂检测"的教学模式打破了传统课堂的封闭性，通过问题链引导与任务设计，实现了课堂的动态优化。

任务驱动式长短课策略的提出，是对传统课堂教学模式的一种补充与再创造，它在符合素质教育理念的同时，也为新课程改革提供了实践支持。

二、概念解读

（一）任务驱动的解读

1. 概念及理论来源

任务驱动是一种深刻契合建构主义学习理论的教学方法，它认为学习应植根于真实情境，学习者通过完成任务，内化并建构知识体系。与传统的知识灌输不同，任务驱动强调学生的能动性和协作性，使课堂不再是教师单向输出知识的场域，而是学生主动探索、创造的舞台。

2. 教学设计要素

任务驱动的核心在于设计出挑战性与趣味性兼备的学习任务，这些任务须能够启发学生的好奇心，并引导他们通过团队合作、跨学科思维来解决问题。通过"基础型任务—探究型任务—综合型任务"的三级递进设计，任务驱动法不仅能涵盖不同能力层次的学生，还能激发他们潜在的高阶思维能力。

3. 实施路径与优势

任务驱动教学法的成功实施，依赖于情境创设、资源整合、即时反馈等多个环节的有效整合。以具体案例为例：在一节以"能源危机"为主题的综合科学课中，学生须完成"能源利用现状分析""新能源设计与构想"两个任务。这一过程不仅涵盖了基础知识的理解，还锻炼了学生的数据分析能力、协作能力和表达能力。

（二）"长短课"的解读

在教育学中，长短课是一种课时安排策略，它根据教学内容的复杂性、学生的认知特点以及教学目标的不同，将课程分为不同长度的课时。这种模式旨在提高教学效率，满足不同学科的教学需求，并促进学生的全面发展。这种模式突破了传统固定课时的限制，使得教学更加灵活和高效。以下是对长短课概念的进一步解读。

1. 定义与背景

长短课是指学校在课程安排上，不再局限于传统的固定课时长度，而是根据具体的教学内容和学生的实际需要，灵活设置课时，有的课程可能需要较短的时间（短课），而有的课程则可能需要更长的时间（长课）来完成教学目标。

其产生的背景是新课程标准强调以结构化的方式（如主题、项目、任务等）来组织课程内容。课程内容结构化，意在改变知识、技能的简单线性排列方式，强化知识间的内在关联，凸显学科的本质、思想方法以及内在逻辑。新课程标准突出实践育人，强化课程与生产劳动、社会实践的结合，强调知行合一，倡导做中学、用中学、创中学，注重引导学生参与学科探究活动，开展跨学科实践，经历发现问题、解决问题、建构知识、运用知识的过程。[①]

长短课为新课程标准中以学为中心的理念、大观念和大任务的课程内容形态、课程内容结构的优化以及实践提供了有力支撑。

---

① 王鑫霞.《义务教育课程标准（2022年版）》价值取向与实践路径［J］. 文教资料，2023（14）：135-139.

2. 内容与目标

长短课具有适应不同教学内容的特点。例如，对于需要大量讨论和实践的课程，长课时可以提供足够的时间；而对于理论性较强或内容较为简单的课程，短课时则更为合适。

光谷七初将长短课相结合，提出有难度的学科采用 40 分钟＋30 分钟的课程安排，以便学生在长课时完成基础型任务和探究型任务内容，在短课时完成综合型任务来巩固提升，增强了教学的连贯性和提升了效率。

3. 管理与创新

长短课的实施对学校的课程管理和时间安排提出了更高的要求，需要学校有更灵活和高效的管理机制。学校需要考虑如何平衡不同学科的需求，以及如何确保学生在不同长度的课时中都能获得有效的学习体验。

长短课是教育创新的一种体现，它鼓励教师根据教学内容和学生需求创新教学方法，提高教学的适应性和灵活性。

这种模式也鼓励学生自主学习，培养他们的时间管理和自我调节能力。

4. 挑战与机遇

长短课的实施可能会遇到一些挑战，如教师需要调整教学计划，学校需要重新规划课程表，学生需要适应不同的学习节奏等。

同时，长短课也为教育提供了新的机遇，如提高教学质量、促进学生全面发展、激发学生的学习兴趣等。

长短课的概念体现了教育的灵活性和适应性，它要求教育者根据实际情况不断调整和优化教学策略，以满足不同学生和学科的需求。

三、多维理论在任务驱动式长短课中的交叉应用

任务驱动式长短课作为一种现代教育策略，其理论基础不仅仅局限于建构主义学习理论，还涉及情境学习理论、合作学习理论以及其他相关的教育学理论。这些理论共同作用，为任务驱动式长短课的设计与实施提供了支撑。以下是对这些理论的深层次剖析及其在该教学模式中的具体应用。

（一）建构主义学习理论：知识建构与任务设计的核心基础

建构主义强调学习者通过与情境、任务和资源的互动，主动建构知识框架。这一理论是任务驱动式长短课的核心基础。

1. 理论主张

主动学习：建构主义认为，学生不是被动接收知识的容器，而是知识意义的主动建构者。在任务驱动式长短课中，学生通过完成任务主动探索和实践，内化知识并提升技能。

背景化学习：知识必须与具体情境相关联，才能被有效理解和应用。这与任务驱动中"情境化任务"的设计紧密相连。

2. 应用实例

三级任务分层设计：基础型任务注重概念的初步建构，探究型任务促进复杂知识的连接和内化，综合型任务则进一步推动学生应用知识解决真实问题。

教师的引导角色：教师通过引入启发性问题和提供支持性资源，引导学生在任务中逐步构建知识框架。

（二）情境学习理论：真实情境的学习驱动

情境学习理论由布朗等人提出，强调知识的获得与其应用情境密不可分。任务驱动式长短课的关键环节——"任务情境的创设"正源于此。

1. 理论主张

真实环境：知识必须嵌入真实或模拟的情境中，学生在这种环境中能更自然地将知识迁移到实践中。

社会互动：学习是个体在社会化背景中通过互动实现的，强调学生之间的协作与交流。

2. 应用实例

情境体验：在任务开始前，通过真实案例、项目模拟或问题情境引入，激发学生的学习兴趣。如历史课中，通过历史事件的角色扮演，让学生在"扮演"中解决相关问题。

任务解决过程中的情境引导：短课时侧重于构建情境，长课时则利用情境驱动任务完成。

（三）合作学习理论：协作任务中的知识共享与技能培养

合作学习理论认为，学习是通过团队协作实现的。任务驱动式长短课的设计强调团队合作的任务，利用团队的多样性和协作优势，促进学生的深度学习和社会化发展。

1. 理论主张

积极互赖：学生在任务中相互依赖，促进共同学习。

面对面互动：通过面对面交流，学生能更有效地分享知识和解决问题。

个体责任：尽管是团队任务，但每个成员需承担明确责任，确保公平参与。

2. 应用实例

任务分工与协作：在探究型和综合型任务中，鼓励学生分组完成该任务。例如，在生物课中，组员分别负责实验设计、数据分析和结果汇报。

协作技术工具支持：利用现代技术（如在线协作平台）支持异步合作学习，增强学习资源的共享与互动。

（四）社会建构主义理论：任务中的知识共建

结合建构主义和社会文化理论，社会建构主义理论强调知识是在师生互动、同伴协作中共建的。这一理论特别适用于任务驱动的合作学习环节。

1. 理论主张

语言与交流：知识通过语言和交流建构。在任务驱动的课堂中，学生的讨论、辩论和表达是知识共建的关键途径。

文化工具的作用：教师和资源是"文化工具"，为学生提供支持，帮助他们完成任务。

2. 应用实例

问题引导式讨论：教师通过设置开放性问题，引导学生讨论并集体建构答案，如通过辩论探讨气候变化对社会的影响。

同伴互评：任务完成后，学生互相评价作品质量，进一步深化对知识的理解和批判性思维的培养。

（五）深度学习理论：任务目标与高阶思维的培育

深度学习理论强调从记忆性学习向概念性理解、分析和创造转变。任务驱动式长短课通过任务的分层设计，促进学生从浅层的记忆学习到深度的知识学习与技能发展。

1. 理论主张

高阶思维：学生须具备批判性思维、问题解决和创新能力。

知识迁移：学习的目标在于实现知识在不同情境中的灵活应用。

2. 应用实例

任务驱动下的反思活动：在完成综合型任务后，安排学生进行反思性总结，探讨任务的成功与不足。

跨学科实践任务：通过跨学科项目（如结合物理、数学和技术完成工程设计），提升学生的迁移能力和综合素养。

（六）多理论融合在任务驱动式长短课中的应用路径

1. 理论的整合

建构主义作为任务驱动式长短课的核心理论，为任务设计与知识建构提供基础，情境学习理论为任务情境创设提供指导，合作学习理论和社会建构主义理论为团队合作与知识共建提供支持，深度学习理论则指导任务目标向高阶思维与综合能力发展。

2. 实践框架

情境创设：结合真实或模拟情境引导学生进入任务。

任务设计：基于学生层次，分为基础型、探究型、综合型任务，逐步深化学习目标。

合作与协作：鼓励小组协作，利用技术工具支持任务完成。

反思与评价：通过多元评价和反思总结促进知识的内化与迁移。

通过多理论融合，任务驱动式长短课不仅能够提高课堂教学的质量，还能更好地适应新时代对学生创新能力、批判性思维和团队协作的综合要求。

四、各要素之间的关系

任务驱动式长短课教学策略是一个综合性的教学模式，它涉及多个要素，这些要素相互关联、相互作用，共同促进学生的学习和发展。以下是这些要素之间的关系阐述。

（一）教学改革与任务驱动式长短课

新课程改革与素质教育的推动：新课程改革强调素质教育，要求教育从单一的知识传授转变为综合能力的培养。任务驱动式长短课作为响应这一改革的教学策略，通过设置不同层级的任务，引导学生逐步深入学习，提高学生的学习主动性和效果。

课堂教学模式的转变：传统课堂教学模式的局限性促使教育者寻求新模式。任务驱动式长短课通过"目标导学、问题引领、任务驱动、当堂检测"的教学模式，激发学生积极学习，并通过即时检测反馈学习效果。

（二）任务驱动与长短课的结合

任务驱动：任务驱动教学法基于建构主义学习理论，强调通过具体的任务来激发学生的学习动机，促进学生的主动学习和实践能力的发展。任务驱动分为三级，包括基础型任务、探究型任务、综合型任务，旨在让学生循序渐进地掌握知识和技能。

长短课：长短课根据教学内容的复杂性和学生的认知特点，灵活设置课时长度。长课时适用于深入探讨和实践操作，短课时适用于快速传递信息和简单练习。这种课时安排策略与任务驱动相结合，可以更有效地利用教学时间，提高教学效率。

（三）理论基础与实践应用

建构主义学习理论：任务驱动式长短课的理论基础是建构主义学习理论，它强调学生通过与真实情境的互动，主动构建知识。教师的角色从知识的传递者转变为学生学习过程中的引导者和支持者。

任务驱动法：任务驱动法要求设计与现实生活紧密相关的任务，激发学生的学习兴趣，并促进他们运用所学知识进行探索和实践。这种教学法的实施需要教师具备设计任务的能力，并能评估学生在任务完成过程中的自主学习能力、问题解决能力和协作能力。

（四）教学环境与学习目标

教学环境创设：在任务驱动式长短课中，教师需要创建真实或接近真实的学习情境，使学生能够在模拟的环境中应用知识，增强学习的实用性和有效性。

学习目标层次：根据不同学生的学习需求和先前所学知识，设计分层次的学习任务，帮助每个学生都能在适合自己水平的任务中学习和成长。

（五）教学策略与学生发展

1. 教学策略

教学策略从单一的知识传授转变为包括探究学习、合作学习、问题解决等多种策略的综合运用。多样化的教学策略有助于提高学生的学习动力和参与度，培养他们的批判性思维、问题解决和协作能力。

2. 学生发展

任务驱动式长短课要求学生能够主动参与和承担学习责任，积极与同伴协作，共同完成学习任务。这种教学模式有助于学生的全面发展，包括知识掌握、技能提升和个性发展。

综上所述，任务驱动式长短课教学策略的各要素之间存在着紧密的内在联系，它们共同构成了一个旨在提高教学质量和学生学习主动性的教学模式。通过明确教学目标、合理设计任务和科学评估反馈，可以有效促进学生的全面发展。

第二节　任务驱动式长短课

一、学习任务的设计

任务驱动教学法注重引导学生通过自主探究获取知识，在此过程中，教师需根据教学内容和目标，设计具有操作性、创新性，并能提升学生自主学习能力，助力其掌握知识和提升技能的任务。其中，任务设计为核心环节，要求教师以契合学生实际与教学内容特性为目标，创设激发学生兴趣、具有挑战性和实用性的层级性任务。学生为学习进步的主体，须依据任务要求展开自主探究，通过独立思考与实践完成任务，从而提升主动参与动力和自主学习能力。教师扮演引导者角色，须设计有效任务，激发学生兴趣，引导其积极参与，并协助解决学生所遇到的问题。

（一）任务设计的原则

1. 强调真实

任务的真实性，强调任务的创设要关联学生的生活实际，适合其年龄特性和认知水平，促使学生对真实生活有更深的感悟和思考，或者能将课堂所学延伸至生活，学有所用，利于激发学生探究的内驱动力。真实性是任务创设的逻辑起点，不仅涵盖生活中的现实任务，还包括围绕教学内容所创设的虚拟任务。

2. 注意进阶

任务的进阶性，强调在推进教学时，围绕教学重难点，设计出融学习建构、思考、表达于一体的大任务，再将大任务进行分解，给学生搭建问题台阶，降低难度，用"问题台阶"来驱动。同时，任务之间应具有连续性和层级性，利于实现学生语言能力和思维层级的提升。

3. 关注思维

任务的思维性，强调要创设具有挑战性的任务，引发学生的认知冲突，激发其积极主动思考，让学生在任务中比较、推断、讨论、辩证等，在"发现问题—分析问题—解决问题"的过程中，学习语言，运用语言表达自己的观点，避免浅表性、机械化的语言操练，培养思维的逻辑性、条理性、独创性，提高学生的思维品质。

4. 强化整体

任务的整体性，强调通过创设当堂展示或当堂检测的评价任务，落实与优化"教—学—练—评"一体化的教学体系，使教师可以更好地了解学生的学习需求和发展状况，调整教学。

（二）任务设计的策略[①]

1. 课前的任务设计

课堂教学开始前，学生的学习就已经启动。教师可布置一些预习性任务，侧重于让学生了解将要学习的基本内容、将要解决的主要问题、将会得到的主要结论，等等。不过，这样的任务对学生来说，仅仅借助粗略阅读即可完成，往往驱动性不足。在教学某个单元的起始课前，可以设计操作性任务来驱动学生预习；在教学某个单元的复习课前，可以设计迁移性任务来驱动学生深入探究。

1）预习：设计操作性任务

美国教育家达克沃斯说过，最理想的教学应是投入式的，它应鼓励学习者与学习内容直接接触，形成一种具身体验，而不是建立在他人的理解之上。40分钟的课堂上无法保证每一个学生都能进行充分的操作和体验，因此，教师可以把一些操作性任务布置在课前。比如，学习人教版八年级数学上册"三角形三边的关系"时，教师可布置这样的操作性任务："第一，自己制作长度分别为8厘米、5厘米、4厘米和2厘米的小棒或吸管各一根；第二，任意选择其中的3根，围一围，看看是否都能围成一个三角形；第三，结合操作结果，写下自己的想法。"设计这样的操作性预习任务，不仅可以激发学生探究新知的兴趣，更能让学生按照自己的节奏来体验具体过程，并确保他们有足够的时间对亲身体验的过程进行反思，促使每个学生都能真实地参与。在此基础上，教师可以基于课前的操作性任务，在课堂上及时组织相应的展示和讨论，帮助学生围绕关键问题进行更加深入的思考、辨析，进而进行总结、归纳，以获得有意义的结论。

2）关联：设计迁移性任务

教育心理学把一种学习对另一种学习的影响称为迁移。教学中，教师关注的往往是如何把先前的学习迁移到后续的学习上，而忽视了后续的学习也能对先前的学习产生影响。因此，我们可以在教授某个单元的复习课前设计一些将后续学习迁移至先前学习的迁移性任务，驱动学生将相关的知识进行必要的关

[①] 陈雅. 任务驱动教学中任务设计的时机与策略 [J]. 小学数学教育，2023（8）：23-24.

联，感受知识之间的广泛联系，助力认知结构的完善和优化。比如，学习人教版八年级上册"整式的乘法复习课时"时，教师可设计一组迁移性复习任务："第一，在这章你学习了哪些幂的运算，请举例说明？第二，通过类比数的乘法，你能推导多项式乘以多项式的计算法则吗？"在这里，要完成第一个任务，学生只需要一边回忆一边用文字整理出同底数幂的乘法、幂的乘方、积的乘方相关计算公式即可，思维含量较低。而要完成第二个任务，则需要学生突破现有的认知，从新的角度深入思考数的乘法与整式中字母表示数的乘法计算法则之间的关联，这对锻炼学生思维的深刻性和灵活性都具有一定的意义。

2. 课中的任务设计

课堂是教学的主阵地，是师生交流互动的主要场所。决定一节好课的因素有很多，但一定离不开教师精心的课前预设，少不了真实的课堂生成，以及对问题的深入探究。因此，我们可以从预设、生成、探究的角度来设计恰到好处的任务，驱动学生展开深度学习。

1）预设：设计情境性任务

真实有趣的情境是连接教学和学生生活的重要形式。把教学任务与生活情境有机结合，可以激发学生的学习兴趣。学生既可以依托情境来展开学习，又可以通过学到的知识观察和理解新的生活情境。在这个过程中，学生能充分体会各学科的应用价值。因此，教师在备课时要注重设计情境性任务。

比如，学习人教版八年级下册"加权平均数的认识"时，教师可以设计"招聘录用"的生活情境，以"判断谁被录取"这一任务驱动学生不断进行思考："第一层次，应试者甲听书读写的成绩为85、78、85、73，应试者乙听书读写的成绩为73、80、82、83。问题是：公司想招聘一名综合能力较强的员工，应该录用谁？第二层次，在第一层次的基础上，公司想招聘笔译能力较强的员工，听书读写的成绩按照2∶1∶3∶4的比确定。问题是：现在该录用谁？第三层次，在第二层次的基础上，公司想招聘口语能力较强的员工，听书读写的成绩按照3∶3∶2∶2的比确定。问题是：这个比的调整对最终录用员工会产生怎样的影响？"不断发展变化的现实情境，给学生创造了多次解决问题的机会。学生完成从简单到复杂的情境性任务，不仅能够逐步认识加权平均数的意义和特点，而且可以体会到思考的乐趣。

2）生成：设计关键性任务

课堂教学如果只是完全按照事先的预设逐步向前推进，看似一帆风顺，实则无法驱动学生展开深度学习。因此，教师要善于倾听，要特别关注学生在课堂上的回答和各种表现，捕捉学生行为背后的思维障碍和认知冲突，进而引导他们展开更有深度的思考。

比如，学习人教版七年级数学上册"角的初步认识"时，在教学角的基本特征之后，教师出示教材"想想做做"第1题。如果学生均能正确做出判断，并能一一指出三个角的顶点和边，同时说清楚其他两个图形不是角的原因，按常理，这样的教学是十分顺利的。但在一次执教时，一个学生提出了自己的问题。他走到黑板前，画了一条射线，并且问道："这是角吗？"立刻有学生回应："不是！"只不过，一会儿又有学生说："是。"在"是"与"不是"之间，恰是学生思维拔节的关键点，是他们进入深度学习的契机。因此，教师抓住这个生成性资源，立即给出新的研究任务："你认为这个是角吗？如果是，你的理由是什么？如果不是，怎样变一变就能得到角？"这个任务的重点，当然不是要得出"是"或"不是"的标准答案，而是要引导学生深入思考角这一概念的本质，初步体会角是由具有公共端点的两条射线组成的图形，而一条射线通常是不能看作一个角的。

3）探究：设计平行性任务

平行性任务是指针对同一目标，面向全体学生，可供他们同时参与的几个彼此关联的任务。教师可在教学的重难点处设置这样的任务，以吸引每一个学生都能参与到探究活动之中。

比如，学习人教版八年级数学上册"三角形的分类"时，为了引导学生体会"根据角的特征，三角形只能分成直角三角形、锐角三角形和钝角三角形这三类"，教师设计了下面这样的平行性任务："第一，请你在钉子板上任意围一个三角形，并记录你围出的是哪一类三角形。第二，你能围出有2个直角或2个钝角的三角形吗？围一围，试一试。第三，不用操作，你能运用三角形的内角和等于180°的知识解释一个三角形中不可能有两个直角或两个钝角吗？"学生可以从这三个平行性任务中任选一个完成。这样，在组织全班交流时，学生就会从不同角度给出自己的理解，既节省了教学时间，又使直观操作和抽象说理相互印证，促进了深度学习的发生。

3. 课后的任务设计

课后是课中的延展。相对于相对紧张的课堂教学时间，学生在课后有更充裕的时间去实践和思考。为此，教师可以设计恰当的任务来驱动学生自主拓展，甚至开展跨学科的探究活动，以满足个性化的学习需求。

1) 延伸：设计拓展性任务

比如，完成人教版九年级数学上册"圆柱和圆锥"的课后习题。课堂上，在引导解答这道题之后，教师鼓励学生课后继续开展研究，并提出了撰写数学小论文的任务："除了绕直角三角形的直角边旋转一周，还可以绕着哪条边旋转一周？你能计算绕直角三角形斜边旋转一周得到的立体图形的体积吗？绕直角三角形不同的边旋转一周所形成的立体图形的体积会有什么样的变化？"一些学生饶有兴趣地在课后展开研究，并算出了相应的体积；个别学生还想到过直角顶点作一条平行于斜边的线，让三角形绕着这条线旋转一周，以及其他多种情况。

2) 实践：构建表现性任务

在"互联网＋"的时代背景下，合理利用现代信息技术，不仅可以提供更加丰富的学习资源，设计出更加生动的教学活动，而且还能有力地促进教学方式、方法的变革。教师在疫情期间线上教学过程中设计了"小老师来讲题"的表现性任务："今天的练习都会做吗？你能录制小视频给同学们讲一讲习题吗？"通过这个任务驱动学生主动学习现代信息技术，理解每一道习题背后的数学知识以及易错点和难点。学生在展示自己的作品时，要保证正确与规范，在讲解时要照顾到每一个同学，语速要适中，要有轻重缓急。这样的任务将纸笔作业转化成实践性作品，将学生的学习成果可视化，有助于提高学习效果。

3) 应用：构建开放性任务

以数学学科为例，数学知识的价值和魅力在于应用，应用意识的培养也是数学教学的重要目标之一。数学应用不应局限于解决简单的数学问题，而要更多地关注现实生活中存在的问题，尤其是较为开放、复杂、多元的问题。比如，学习人教版七年级上册"正方体展开图"后，教师设计了"制作长方体形状的包装纸盒"的综合实践任务，鼓励学生整合数学、语文、美术、劳技等学科的知识，进行动手实践。活动中，学生不仅需要应用长方体的相关知识完成纸盒的框架制作，还需要应用长方体表面积计算的知识完成纸盒的纸面粘贴，同时也要应用语文、美术等学科的知识对包装纸盒进行装饰设计，在纸盒的表面写上诗句或绘上彩图。

总之，在任务驱动下学生能更加主动、更有兴趣地展开学习与探索，也更有机会亲身经历"人类思维发展中的那些关键性步子"。教师作为任务的设计者以及相关教学活动的引导者和评价者，无论是在课前、课中还是课后，都要有运用任务驱动学生学习的意识，从而更好地发挥任务驱动的作用。

（三）任务设计的关键

1. 关注任务全程，及时指导反馈

任务设计要确保学生能够按照预设的任务目标进行有效的学习。在这个过程中，教师需要扮演多重角色，既是设计者，又是指导者，还是评估者。作为设计者，教师需要精心策划和组织任务，确保任务的内容与教学目标紧密相连，同时符合学生的实际水平和兴趣。任务的设计应兼具挑战性和趣味性，以激发学生的学习兴趣和动力。作为指导者，教师在任务执行过程中要给予学生充分的指导，帮助学生克服困难，保证任务的顺利进行。同时，教师还需要关注学生的任务完成情况，及时给予反馈和建议，帮助学生改进和提高。作为评估者，教师需要对学生的任务完成情况进行评估。评估不仅要关注任务的结果，还要关注学生在完成任务过程中所表现出的能力。通过评估，教师可以了解学生的学习情况和进步程度，为后续的教学提供参考和依据。

2. 明确教学任务，提前做好规划设计

首先，需要明确教学目标和任务。教师应该根据学生的实际情况和教学大纲的要求，制定具体、明确、可操作的教学目标和任务。这些目标和任务应该具有实操性，能够激发学生的学习兴趣和动力，同时也能够培养学生的实践能力和创新精神。其次，需要选择合适的教学方法和手段。针对不同的任务和教学目标，教师需要选择合适的教学方法。同时，教师还需要准备相应的教学资源，保证教学过程的顺利进行。另外，教师还需要制订详细的教学计划和时间表。教学计划应该包括每个任务的具体内容、教学方法和手段、教学资源的使用、教学进度的安排等。时间表则需要明确每个任务的时间节点和完成时间，以确保教学进度能够按照计划顺利进行。只有在任务实施前做好规划设计，才能够确保教学过程的顺利进行，增强教学效果，培养学生的实践能力和创新精神。

3. 完善教学知识体系，改进现存问题

在当前的教育环境中，任务驱动教学模式被广泛采用，它能够激发学生的学习兴趣，提高学生的主动性和参与度，但我们也必须正视其存在的问题，其中一个显著的问题就是教学知识体系的不完整性。这种不完整性可能会影响到

学生的学习效果，甚至可能对学生的未来发展产生负面影响。为了解决这个问题，首先教师要重新审视教学任务。教师须确保每一个任务都能够有效地涵盖教学内容的关键知识点，而不是仅仅注重任务的趣味性和实用性。同时，也需要确保任务之间的连贯性和系统性，以便学生能够在一个完整的知识框架中学习知识。其次，要建立一个完善的教学评价体系，评价体系应该能够全面、客观地反映学生的学习情况，能够提供足够的反馈信息，以便教师能够及时调整教学方法。教师应加强与其他教育专家和机构的合作，共同研究和探索更加有效的任务驱动教学模式。只有通过不断实践和研究，才能完善教学内容和方法，为学生提供更加优质的教育服务。

二、学习任务单的编写设计

（一）学习任务单的意义

学习任务单是提高课堂效率的有效方法，能够激发学生的主动探究意识，是深度学习课堂教学理念下教师为学生进行有效学习设计的产物，被形象地喻为深度学习课堂上学生学习的"导航仪""指南针""方向盘"。光谷七初在借鉴一些名校先进课改的基础上，借助学习任务单，架起教师"教"与学生"学"的沟通桥梁，以教学目标为指引，将若干教学任务有机分解在课堂的各个环节中，以深度学习为指向，以激发学生学习动力、提升学习能力为最终目标，有效搭建学生学习的脚手架，以导促学、以学促思、以思促教。

（二）学习任务单的设计

好的学习任务单可以助推学生的探究学习，能够提高学生学习的效率。学习任务单的设计是任务驱动式教学的关键，一份好的学习任务单，要遵循一定的设计原则，具有一定的结构模型。

1. 学习任务单的设计原则[①]

基于学科性质与学生的认知特征，学习任务单的设计应当遵循以下原则。

---

① 郭世卫.导单助学，丰厚素养：科学导学单的意义、设计与应用［J］.小学教学研究，2023（12）：76-77.

1）统整性原则

所谓统整性原则，是指教师在设计学习任务单时，要通盘考虑、整体把握、系统设计。教师要紧扣课程标准，围绕教材内容、学生学情等方面进行设计，要充分考虑到该课内容在本单元乃至本学期中的定位，要结合本单元的知识结构体系进行整体设计，能够聚焦科学核心概念，将相关知识点串联起来，形成一个系统完整的知识链、思维链。

2）"做中学"原则

"理论不能解决的问题实践会为你解决。"实践探究是科学学习的重要方法，也是学生必备的核心素养，我们要把培养学生的实践探究能力作为教学的重要目标。因此，在设计导学单时要坚持"做中学"原则，突出学生的实践操作，在做中探究学习。在学习任务单中，不能只设计知识性、理论性的学习活动，必须为学生设计一些实践性探究活动，要给学生提供动手操作的机会，让学生亲自接触感知，亲手操作实践，从而使学生真正成为学习的主体，能够获得真切的体验和发现。

3）导学性原则

学习任务单是教师教学思路的渗透，更是学生学习之路的引领。其使用的主要目的是导学，因此，学习任务单要能引导和指导学生的学习。在设计学习任务单时，教师要基于学生立场和学习视角，要以学生的自主学习为出发点，体现教为学服务的宗旨，以学生的学习为中心。教师要着重围绕学习的内容、学习的材料、学习的步骤、学习的方法、学习的注意点等方面进行设计。学习任务单设计可以用问题导学，以问题引发学生思考，引导学生自主探究。

4）层次性原则

学习任务单要有助于学生的学，就必须根据知识的形成规律与学生的认知特点，由浅入深，由易到难。因此，学习任务单的设计要坚持层次性原则，具有一定的层次与梯度，要依据知识的生成过程进行任务设计，引导学生经历知识的发生、发展与形成的过程，充分体现螺旋式上升的特点。要关注学生的差异性，根据不同层次学生的需求，设计难易程度不同、类型多样的任务，从基础性到拓展性，从理解性到应用性，教学问题和探究活动都应具有丰富的层次性。

2. 学习任务单的结构模型

学习任务单可以应用于三个环节——课前自学、课中研学、课后训练，它可以有效指导学生课前预习，引领学生课堂探究，也可以用于学生课外的后续学习。所以光谷七初的学习任务单主要包含课前自学、课中研学和课后训练三个部分，其中课中研学是最为核心的部分，是学生开展探究学习活动的流程和方法。课中研学包含了两个必备要素：① 成梯度的学习任务或问题，一般不超过 3 个梯度。不能是知识点的罗列，必须是学生能执行的任务或活动。② 当堂检测或当堂展示。对学习任务完成情况的检测，可以是 1～2 个题目，也可以让小组或小组代表展示。光谷七初学习任务单通用模板如表 2-1 所示。

表 2-1 光谷第七初级中学（ ）组学习任务单

年级		单元		编制人		二备人	
学习内容				课时数		审核人	
学习目标							
学习重点							
学习难点							
学习方法							
学习准备							
学习环节	学习内容					学习笔记	
环节一 课前自学	＊此环节必备要素： 课前预习任务（可以是相关知识链接、前置知识准备、知识摸底检测）						

续表

学习环节	学习内容	学习笔记
环节二 课中研学 (重点探究 40min)	＊此环节必备要素: 1. 成梯度的学习任务或问题, 一般不超过 3 个梯度 (不能是知识点的罗列, 必须是学生能执行的任务或活动) 2. 当堂检测或当堂展示 (对学习任务完成情况的检测, 可以是 1～2 个题目, 也可以让小组或小组代表展示)	
环节三 当堂训练 (难点突破 30min)	＊此环节必备要素: 1. 成梯度的学习任务或问题 (不能是知识点的罗列, 必须是学生能执行的任务或活动) 2. 当堂检测或当堂展示 (对学习任务完成情况的检测, 可以是 1～2 个题目, 也可以让小组或小组代表展示)	
环节四 课后训练 (检测反馈 30min)	＊此环节必备要素: 1. 必须是与课堂学习内容匹配的检测题 2. 必须是在学校分配的限时作业时间段 (或课后延时服务时间段) 内当堂完成	
学习反思		

接下来详细介绍光谷七初学习任务单的结构模型设计。

1) 学习目标

学习任务单中的学习目标是学生学习的重要指引, 包括三个主要维度: 知识与技能目标、过程与方法目标以及情感态度与价值观目标。这些目标的明确表述, 不仅给了学生一个清晰的方向, 而且为课堂教学提供了根本性的指导。同时教师要根据学情, 将学习目标进行分层。如九年级化学"溶解度基础"一课, 在对本节课内容进行了详细的教材分析及学生分析展示之后, 结合课程标准对本节课的要求，可制定如下分层教学目标：① 明确溶解度的概念，知道点、交点、线的意义（指向全体学生）；② 明确饱和溶液和不饱和溶液的相互转换方法、提纯方式等（指向 A、B 类学生）。

2）学习重难点

在撰写此部分内容时，务必深入研究新课标和教材，精确掌握教学内容的重点。此外，还需要全面考虑学生的实际情况，结合学生对知识的掌握程度和学习水平，科学预测教学过程中可能出现的学习难点，更好地为学生完成学习任务单后续学习提供指导和支持，也确保课堂教学效果的达成。

3）课前自学

学习任务单为学生提供了明确的预习目标和要求，使学生能够明确方向，有针对性地进行预习。预习任务的设置，可从以下方面着手。① 与本课学习目标相关的背景材料、知识链接和思想意义。如语文课例中关于作品、作者、写作的时代背景、作品的思想意义。② 精选的与学习目标关联的基础知识和基本技能训练的题例或知识摸底检测。通过预习前置，学生可以主动思考、发现问题并尝试解决问题。这促进学生完成一定的基础目标，为课堂教学奠定扎实的基础。③ 任务设计时少一些"死知识"，多一些"做一做"和"想一想"问题，让学生边预习边思考。如学习人教版八年级数学上册"三角形的内角和"这一课时，教师可设计如下自学任务。① 阅读：认真阅读课本第 67 页，画出你认为重要的地方和不明白之处。② 引导：三角形具有什么样的特征？三角形的内角是什么意思？内角和又表示什么呢？③ 猜测：三角形的内角和可能与什么有关？④ 思考：课文中向我们介绍了几种不同计算三角形的内角和的方法？⑤ 探究：先测量不同形状的三角形的每个内角度数，再计算每个三角形三个内角的和，完成表格。⑥ 拓展：除了用量一量的方法，你还能用其他的方法来求出三角形的内角和吗？（比如折一折、拼一拼等，和其他小伙伴一起动手试一试吧）

4）课中研学

课中研学为新知探究环节，为实现学习目标教师可以设计不同层级的任务，一般分三类：基础型任务、探究型任务、综合型任务。① 基础型任务预期 90% 以上的学生能完成，以最基础的知识和技能为主要内容。要求所有学生均独立完成，并通过抽样展示促进学生落实。② 探究型任务预期 60% 以上的学生能完成，以落实重点知识和技能为目标。以学友组（2 人）为单位进行合作探究，并随机抽取学友组进行展示，最后通过当堂检测进一步落实。③ 综合型任务预期30%以上的学生能完成，以落实知识和能力的综合应用为目标，以小组（6～8人）为单位进行合作探究，在探究遇到困难时老师予以点拨，进行疑难辅导，之后各组进行展示，最后通过变式检测予以反馈。这既让学生循序渐进地掌握知识，又让不同知识基础的学生有所选择。进阶式任务研讨对应学生思维层次的进阶和深化，以实现深度学习、高阶思维的培育和发展。

以人教版初中化学九年级下册第11单元课题2"化学肥料"为例，设计以下环节。

 课堂任务1

学校盼喻楼北门楼梯处的绿萝盆栽长势出现异常（见 PPT 图片和绿萝盆栽实物），结合本次课所学，分析可能是什么原因造成的，该如何解决。

任务分解如下。

1-1　阅读课本第80页表11-1，观察课本中的图11-9至图11-11，并对照 PPT 图片，完成下列表格。（注：该内容先独立完成，再小组讨论）

化肥类别	典型代表的化学成分（填写化学式和化学名称均可）	该类化肥的主要作用	缺该类营养素时农作物的状态
氮肥	含氮化合物：_____ 铵盐：_____ 硝酸盐：_____		
磷肥	磷酸盐：_____		
钾肥	钾盐：_____		

学习成果展示 1-1

1-2 判断以下问题。(注：该内容先独立完成，再小组讨论)

(1) 某绿植的叶子绿色减淡，发黄，可能缺_____肥。

(2) 某田地里的玉米生长迟缓，植株矮小，玉米穗粒不饱满，产量低下，该田地可能需要施_____肥。

(3) 某农民种的大白菜倒伏在地，叶子边缘发黄坏死，易被虫蚀，这片白菜可能缺_____肥。

学习成果展示 1-2

1-3 观察异常绿萝的状态，分析其出现异常的原因可能有哪些。列出你的解决方案。(小组讨论完成)

学习成果展示 1-3

【当堂检测 1】

C1-1 农作物出现倒伏现象，应该施用下列化肥中的（　　　）。

A. 尿素　　　　　　　　　B. 硝酸铵

C. 碳酸钾　　　　　　　　D. 磷酸二氢铵

C1-2 小明给校园里叶色发黄的植物施用哪种肥料为好？（　　　）

A. 复合肥　　　　　　　　B. 氮肥

C. 磷肥　　　　　　　　　D. 钾肥

课堂任务 2

张大爷家有三种不同类型的化肥，但因为磨损，包装袋上的标签已经看不清了（见 PPT 图片），请结合本次课所学，帮张大爷简单鉴别出这三种化肥。

任务分解如下。

2-1 实验探究 1：观察三种化肥样品的颜色、状态、并分别加水溶解，完成下列表格。(注：该内容先独立完成，再小组讨论)

化肥类别	氮肥代表 （NH_4HCO_3）	钾肥代表 （KCl）	磷肥代表 （过磷酸钙）
闻气味			
看外观 （颜色、状态）			
加水溶解			

 学习成果展示 2-1

2-2 总结氮肥、磷肥、钾肥的基本判断方法。

一看，看外观判断，若 _____，则 _____。

二闻，闻气味判断，若 _____，则 _____。

三溶，看溶解性判断，若 _____，则 _____。

学习成果展示 2-2

教师设问：某些氮肥并没有明显气味，例如硫酸铵 [$(NH_4)_2SO_4$]，用闻气味的方法无法判断，怎么办？

2-3 实验探究 2：取少量硫酸铵 [$(NH_4)_2SO_4$] 和硫酸钾 [K_2SO_4]，分别加入少量熟石灰 [$Ca(OH)_2$] 粉末，混合、研磨，观察现象，并写出实验现象。

化学物	硫酸铵 [$(NH_4)_2SO_4$] ＋ 熟石灰 [$Ca(OH)_2$]	硫酸钾 [K_2SO_4] ＋ 熟石灰 [$Ca(OH)_2$]
实验现象		

2-4 结合以上所学，请问该如何鉴别张大爷家三种失去标签的化肥？

学习成果展示 2-3

【当堂检测 2】

C2-1 下列化肥从外观即可与其他化肥相区别的是（　　）。

A. 硝酸钾　　　　　　　　　B. 氯化铵

C. 磷矿粉　　　　　　　　　D. 氯化钾

C2-2 小强家的仓库里存有少量无标签但密封良好的化肥。为了确定该化肥的成分，他取少量化肥与熟石灰粉末混合、研磨，闻到刺激性气味。由此判断该化肥可能为（　　）。

A. 氯化铵　　　　　　　　　B. 碳酸钾

C. 硫酸钾　　　　　　　　　D. 硝酸钠

C2-3 草木灰是一种碱性农家肥，下列肥料不能与草木灰混合使用的是（　　）。

A. KNO_3　　　　　　　　　B. NH_4HCO_3

C. KCl　　　　　　　　　　D. $Ca_3（PO_4）$

课堂总结

写出本节课你学到的知识、掌握的技能、得出的感悟。

1. _____

2. _____

3. _____

4. _____

5. _____

5）课后训练

课后训练即检测反馈，检测反馈是指对学生学习成果的检验、诊断和反馈。学习任务单中的检测可以帮助学生巩固知识，提高他们的应用能力，还可以让教师获得教学反馈，及时了解学生的学情，便于调整和改进教学。

在设计当堂检测时，有几个关键的考虑因素：首先，题目选择应当与本节课的学习任务高度匹配，难度适中，并包含多种题型。这样设计的目的是让学生感受到他们在课堂上的努力是值得的，他们确实在这堂课中有所收获，从而产生一种成功感和价值感。其次，为了确保不同层次的学生都能从检测中体验到成功，应尽可能地提供多种层次的题目。对于基础较薄弱的学生，可以选择一些较为基础的题目；而对于学有余力的学生，可以设置一些选做题，以促进他们的进一步发展。

（三）学习任务单编写的几个误区

学习任务单作为一种引导学生自主学习的有效工具，被广大教师广泛应用。然而，在编写学习任务单的过程中，教师可能会陷入以下误区，影响学生的学习效果。

1. 教材化

在编写学习任务单时，将教材内容直接搬到学习任务单上，或者大量挖空让学生填空。这种方式无法激发学生的思考，学生只会被动地"抄书"，没有信息加工和思考的过程，也没有知识理解的过程。教师应避免直接复制教材内容，而应对教材内容进行提炼和整合。通过设计问题、任务或者活动，引导学生主动思考和探究，激发他们的学习兴趣和动力。

2. 教案化

用自身的教学思路代替学生的学习思路，导致学习任务单上呈现的是教师的教学思路，而不是学生的学习思路。学习任务设置不明确，问题也不够精准。学生需要信息加工才能完成任务。

3. 习题化

学习任务单的任务设计过于侧重习题，导致课堂学习变成了习题课，降低了课堂的趣味性和学习活动的体验感。在没有更好的策略时，讲练结合优于老师讲授。教师应设计多样化的学习任务，如小组讨论、案例分析等，增加课堂的趣味性和学习活动的体验感。同时，采用讲练结合的方式进行教学，让学生在理解和掌握知识的同时，能够灵活运用所学知识解决问题。

4. 碎片化

学习任务设计没有层级，知识脉络不清晰且呈碎片化。一个好的学习任务单，应以层次化的任务为主线。设计的任务不宜太多、太碎，应将难易不等、杂乱无序的学习内容处理成阶梯性的、有序的问题串，使优秀学生感到有挑战性，使一般学生受到激励，使学困生感到成功的喜悦。

5. 容量过大

部分教师在设计课堂任务时，贪多求全，希望学生在有限的时间内掌握更多的内容。然而，这种设计方式往往导致课堂节奏过快，学生无法充分吸收和消化知识，形成"填鸭式"教学，影响学生的学习积极性。在任务设计过程中，教师应注重"减负增效"，精简内容，避免大量灌输。学习任务单的编制要贴合学生的学习需求，重点突出，帮助学生有目的地进行预习和课堂学习。避免冗余和不必要的任务，确保学生在完成课堂任务的同时，能够获得成就感，增强学习兴趣。

6. 学情预设不足

教师在设计任务时，若对学生的学习情况预设不足，会导致课堂推进困难。任务过于简单会使学生觉得乏味，而任务过于困难则会降低学生的学习成就感，甚至打击其自信心。教师应深入了解学生的实际情况，如已掌握的知识、学习习惯和难点疑点等。在设计任务时，须考虑学生的接受能力，设计有梯度的任务，确保大部分学生能够通过努力完成。同时，根据学生的学习反馈及时调整教学策略和方法，以更好地适应学生的学习需求和发展水平。

为了提升教学效果和促进学生的全面发展，教师需要认真反思任务单设计的各个环节，切实根据学生的实际情况调整教学策略。只有在这样的基础上，学生才能真正在课堂中受益，体验到学习的乐趣。

 学习任务单案例

光谷七初在实验班应用三级任务驱动教学法进行教学，执教过程中不断调整优化教学设计流程，以《卜算子·咏梅》课堂实录为例，作为三级任务驱动教学法在初中课堂应用的参考。

一、教学准备

在对实验对象实施基于任务驱动的分层教学法前，首先应做好实验前准备工作。

（一）学生分层

尊重学生的客观差异，以八年级语文上学期期中模拟检测成绩为主要依据，结合"语文课堂学习状态"问卷调查情况及笔者在课堂对学生的观察情况，将学生分成 A、B、C 三层，数量比为 1∶2∶1。本实验以光谷七初八年级 8 班为实验班，全班共 48 名学生，其中 A 层学生 12 人，B 层学生 24 人，C 层学生 12 人。

（二）异质分组

分层之后再将学生异质分组，全班 48 人，4 人一组，共 12 组，每一小组中均包含 A 层学生 1 名、B 层学生 2 名、C 层学生 1 名，分组时尽量保证 12 组学生水平相当。学生组内投票选择小组长，教师在旁协助，确保小组长具有一定的组织与领导能力，能带领组内成员进行学习探究活动，完成教师布置的课堂教学任务。

二、教学背景分析

（一）教材分析

本节课的教学重点：① 反复诵读，理解这首词的大意；② 理解作者所要表达的思想感情。

教学难点：体会托物言志、融情于景的写法。

（二）学情分析

该部分知识较为基础，A、B、C 三层学生都具备，这为本节课的学习打下一定基础。课程开始时的引入常识部分可交由 C 层学生完成，激发该层学生的学习积极性。针对 A 层及部分 B 层学生，主要提升该部分学生的思维能力，做到因材施教，分层教学。

三、教学任务分层

以下为依据本节课教学内容，结合各层学情分析设计的分层教学任务。

① 基础型任务：课前自学与课堂任务一。

② 探究型任务：课堂任务二。

③ 综合型任务：课堂任务三。

四、教学过程分层

以下为本节课的课堂教学实录。

（一）课前自学环节

① 读准字音。

驿　　着　　炉　　碾

② 了解文体。

③ 反复诵读这首词，初步明确大意。

（二）课中研学环节

1. 导入激趣

1）根据以下线索猜一诗人

① 他喜欢梅花，写过"何方可化身千亿，一树梅花一放翁"。

② 他留下绝笔诗《示儿》："王师北定中原日，家祭无忘告乃翁。"

③ 他是南宋爱国诗人，写了"夜阑卧听风吹雨，铁马冰河入梦来"。

2）明确学习目标

① 反复诵读，理解这首词的大意。

② 理解作者所要表达的思想感情。

③ 体会托物言志、融情于景的写法。

3）走进作者

陆游（1125—1210），宋代爱国诗人、词人。字务观，号放翁，越州山阴（今浙江绍兴）人。作品有《剑南诗稿》《渭南文集》《南唐书》《放翁词》《渭南词》等。

2. 任务导学（师友互助，小组合作）

1）任务一：学习诵读，读准字音，读准节奏

采用小组合作方式，要求理解大意。这一任务属于基础任务，要求全班掌握。

具体实施流程：① 学生自主诵读；② 组内诵读，组员相互纠正字音、停顿连读以及情感；③ 小组讨论这首词的大意；④ 小组成员上台展示成果。

2）任务二：合作赏析

（1）析梅境。

① 细读词的上阕，想想哪个字最能概括梅的处境？

参考答案："苦"字最能概括梅的处境。词中的梅花生长在"驿外断桥边"，"寂寞开无主"，无人欣赏、无人照料，还要在黄昏时分独自承受愁苦，又加上风雨的侵袭，从生长环境到所面临的氛围以及自然条件，都充满了艰难困苦，其处境之"苦"更为深沉和凄凉。

② 上阕中哪些景象或关键词能体现梅的"愁"？

参考答案："驿外、断桥"表现出梅的生长环境荒凉、破败、恶劣；"寂寞、无主"表现出梅寂寞独自开放，无人陪伴，无人欣赏；"黄昏、风和雨"日落黄昏，暮色朦胧，面对萧瑟之境，又遭到风雨摧残，何其悲凉惨淡！

③ 词的上阕主要用了什么修辞？表达了词人什么感情？

参考答案：拟人。独立不倚，坚贞不屈。

（2）品梅魂。

请同学们结合词的下阕，说说梅有哪些品质？

参考答案：无意苦争春，一任群芳妒：孤傲高洁。零落成泥碾作尘，只有香如故：坚贞不屈。

（3）悟梅旨。

① 作者仅仅在写梅花吗？

参考答案：作者并非仅仅在写梅花，词中梅生长于荒僻处，饱受风雨，恰似陆游屡遭排挤、壮志难酬的境遇。梅不争春、香如故的品质，正是陆游不随波逐流、坚守志向的写照。他借梅抒怀，托物言志。

② "梅、群芳"的形象各自隐喻什么？

参考答案：梅：屡遭排斥、怀才不遇、独立不倚、坚持正义的词人。群芳：当权的投降派。

③ 作者借"梅、群芳"的形象来隐喻，这是什么写法？

参考答案：托物言志。

小结：作者以梅花自喻，托物言志，以梅花高洁傲岸、坚贞不屈的品质，抒发自己怀才不遇、壮志难酬的苦闷和忠贞不渝的爱国情感，他笔下的梅花，正是他独立不倚、坚持正义的人格写照。

对于已经掌握基础和进阶知识的学生，教师提供更大难度的任务，引导学生对梅花进行深度分析，学生将自己的研究成果或创新设计进行展示，向全班同学解释自己的思路。

3）任务三：拓展延伸

① 当堂背诵。

② 复习积累有关梅的诗句。

③ 比较阅读毛泽东的《卜算子·咏梅》和陆游的《卜算子·咏梅》，体会感情有何不同。

卜算子·咏梅

陆游

驿外断桥边，寂寞开无主。已是黄昏独自愁，更著风和雨。

无意苦争春，一任群芳妒。零落成泥碾作尘，只有香如故。

卜算子·咏梅

毛泽东

风雨送春归，飞雪迎春到。已是悬崖百丈冰，犹有花枝俏。

俏也不争春，只把春来报。待到山花烂漫时，她在丛中笑。

此任务为综合型任务，以落实知识和能力的综合应用为目标，通过前面的学习，至少30％的学生将学会迁移，根据背景分析、诗词大意能够揣摩出两首词的异同之处。

在本节课程设计中，任务一是为了考查学生对于这首词内容的概括能力，所以要求学生独立完成，随后进行抽样展示。任务二则是一个探究型任务，也是本节课的学习重点。它旨在让学生掌握品析意象的方法。因此在这个环节中，老师安排了学友组进行合作探究，并从班上抽取一个学友组进行展示。至于任务三，它专注于攻克难点，通过这一环节来锻炼学生的批判性思维和综合能力。在整个教学环节中，老师精心设计了每一个任务的问题，确保它们与学生的认知水平相匹配。同时，注重学生成果展示与知识检测，使教师更好地把握教学目标与进程，提高学生的学习参与度和改善学习效果。

第三节　三级任务驱动课堂的实施

一、三级任务驱动课堂的结构探析

三级任务驱动课堂的设计体系由基础型任务、探究型任务与综合型任务构成。这一分层设计不仅是教学设计的重要维度，更能通过不同层级的任务设定，满足学生多样化的学习需求并推动其能力的层级化发展。以下将深入剖析这三个层级的设计特征。

（一）基础型任务：奠定学习根基

基础型任务定位于初学阶段的学生，旨在确保每位学生都能够掌握课程的基本知识与核心技能。

在特征上，此类任务的设计注重简洁和直观，聚焦于概念的理解与基本操作的掌握。例如，定义的梳理、基础计算的练习或操作步骤的演练，都是此阶段的核心任务。

教学实践中，教师承担引导与讲解的角色，通过逐步拆解知识点，帮助学生构建清晰的基础知识体系。

（二）探究型任务：迈向进阶理解

探究型任务针对已具备基础知识的学生，其设计旨在深化学习者的理解与应用能力。

此类任务较基础层级更具复杂性，要求学生结合所学知识解决实际问题。常见形式包括简易的项目设计、分析与技能的综合应用，逐步引导学生从知识复现走向知识迁移。

在这一阶段，教师更多扮演辅导者与支持者的角色。通过适时的启发和资源提供，鼓励学生在独立思考中探索答案，同时也通过小组合作强化学习的社会化属性。

（三）综合型任务：激发创新潜能

综合型任务专为已掌握较高层级知识与技能的学生设计，核心目标在于激发其创新能力与高阶思维。

此类任务以挑战性和开放性为特点，学生需在高度复杂的情境中进行综合分析、创新设计或解决实际难题。任务形式灵活多样，既可能是跨学科的项目研究，也可能是实际情境的系统化解决方案。

在实践中，教师的角色进一步转变为顾问和评估者，为学生提供必要的资源支持与过程指导，同时赋予学生更大的自主权以开展自主研究和探索。

（四）实践与价值

三级任务驱动设计并非固定模板，而是具有高度适应性的教学策略。教师可依据教学内容与学生特质灵活调整任务的形式与难度。在"项目引领，任务驱动"的教学框架下，通过阶段性任务的设计，学生得以从理论学习逐步走向实际操作，再迈向创新实践。

这一设计通过基础、探究与综合三层任务的梯度衔接，既满足了学生多层次的学习需求，又引导其在知识与技能上实现递进式发展（图 2-1）。更重要的是，它不仅提升了教学质量，还孕育了学生对学习的兴趣与主动性，为其创新能力与实际应用能力的培养奠定了坚实基础。

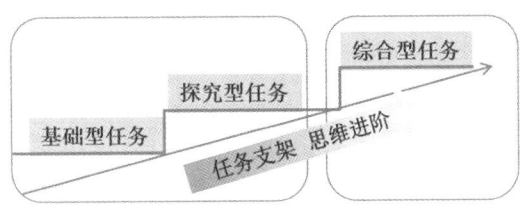

图 2-1　三级任务驱动的梯度衔接示意图

二、三级任务驱动课堂的实施策略

（一）三级任务驱动教学设计的原则

在现代教育理念中，三级任务驱动教学设计被认为是实现高效课堂教学的一种重要策略。这一模式以任务为核心，通过基础型任务、探究型任务和综合型任务的递进设计，引导学生逐步深入学习，从而提升学生的自主学习和批判性思维能力。为了确保这一教学设计的实施成效，以下几个要点都需要关注。

1. 以学生为中心

挑战性是任务设计的核心所在。任务既需超越学生现有能力的合理范围，使其在努力中体验成功，又不能难度过高，以免学生失去信心。在设计中，任务需要通过适当的"跳一跳"策略，既激发学习热情，又增强学习信心。

任务的趣味性同样关键。设计良好的任务能够点燃学生的想象力与好奇心。例如，通过情境化教学，结合真实生活情境，增加课堂的趣味性，使学生更容易融入学习。

与此同时，任务的递进性与驱动性也值得特别关注。从易到难的层次安排，帮助学生顺利完成从基础认知到深度思维的过渡；通过输出成果（如课堂展示、项目提交），激发学生的内在动力，使学习成为一种主动的探索行为。

2. 明确学习目标

每一个任务都应以清晰的学习目标为导向。这些目标既需与课程标准紧密对接，又要体现学生在知识、技能与态度上的综合发展。学习目标的明确不仅有助于任务的精准设计，也为后续的教学评价奠定基础。

例如，在科学实验任务中，如果学习目标是让学生掌握某种物理定律的应用，那么任务就应当围绕该定律精心设计实验步骤，明确观察内容，确定分析方向。教师可以设计一个探究摩擦力与物体重量关系的实验任务，让学生通过改变物体的重量，使用弹簧测力计测量拉动物体所需的力，观察并记录数据。在这个过程中，学生需要运用摩擦力的相关知识，如摩擦力的计算公式、影响摩擦力大小的因素等，对实验结果进行分析，从而得出摩擦力与物体重量之间的关系。这样的任务设计与学习目标紧密结合，学生在完成实验的过程中，不仅理解了物理定律的内涵，还学会了如何运用定律解决实际问题，实现了知识与实践的有机统一。

3. 任务的连续性与递进性

有效的任务设计恰似一条奔腾不息的知识长河，其中的每个任务都不是孤立的水滴，而是紧密相连的水流，它们遵循着任务链的逻辑，形成一个有机的整体。简单的基础型任务如同源头的清泉，源源不断地涌出，为整个知识体系注入生机与活力。探究型任务在基础型任务的基础上，进一步拓展和深化知识的内涵，要求学生运用所学知识进行深入思考和实践探索，如同溪流在山谷中蜿蜒前行，不断冲刷出更深的沟壑，揭示出知识的更多层面。最终，这些溪流汇聚成综合型任务这片广阔无垠的知识海洋，它涵盖了多个知识点的融合与应用，是对学生综合能力的全面挑战，如同海洋的深邃与浩瀚，充满了无尽的奥秘，等待学生去探索。

这种从易到难、连续递进的结构，就像精心设计的高速列车轨道，确保学生在学习的列车上能够平稳、快速地前行。它既为知识的逐步积累提供了一条清晰有序的路径，又像是一座丰富多彩、充满挑战的主题乐园，为不同水平的学生提供适合自己的游乐项目。

4. 促进自主与合作学习

在任务执行过程中，学生须承担主体角色。教师应设计开放性任务，鼓励学生自主解决问题，同时也须设计合作学习机会，促进团队协作与知识共享。在小组互动中，学生的思维与社交能力能够得到同步发展。

在教育这一宏大的舞台上，学生无疑是当之无愧的主角，而任务执行过程则是他们展现自我风采的关键时刻，每个学生都是独一无二的。例如，在艺术课程这一充满创造力的领域中，教师可以给出一个如"未来城市"这样富有想象力的主题。然后，学生可以根据自己的兴趣和特长，自主选择表现形式。有的学生可能会选择用画笔描绘出心中未来城市的绚丽画卷，展现出独特的艺术视角和绘画技巧；有的学生可能更倾向于通过手工模型的方式，将自己对未来城市的构想以立体的形式呈现出来，展示出精湛的手工技艺和空间想象力。在这个自主探索的过程中，学生充分发挥自己的想象力和创造力，他们不再是被动接受知识的容器，而是成为学习的真正主人。

合作学习在教育的交响曲中奏响着和谐而美妙的乐章，它是促进学生全面发展的重要途径。教师精心设计的合作学习机会，就像是搭建起的一座坚固而宽阔的知识交流桥梁，跨越了个体思维的局限，将团队成员紧密地联系在一起。例如，在社会科学课程的项目式学习中，学生分组研究不同地区的文化特色这一复杂而丰富的课题。每个小组成员都承担着特定的角色和任务，他们分工明确，却又紧密协作。有的成员负责深入收集文学作品资料，从繁杂的书籍、作品中挖掘出与当地文化相关的信息；有的成员则专注于研究艺术成就，他们探寻绘画、书法等领域的代表作品和艺术家，解读其中蕴含的文化密码；还有的成员负责探究科技发展，研究当地在天文历法、医学等方面的成就。在小组讨论的过程中，成员们分享各自收集的资料，交流自己的见解，不同的观点和想法相互碰撞、相互启发。通过这种合作学习，学生不仅学会了如何与他人和谐共处、协同工作，更在思维的交流与碰撞中拓宽了视野，突破了个人思维的局限，提升了社交能力和综合素质，实现了思维与社交能力的同步发展，如同在成长的道路上迈出了坚实而有力的步伐。

5. 真实性与实践性

任务的设计若能紧密贴近现实情境，就如同在抽象的知识世界与丰富多彩的生活之间架起一座坚固无比的桥梁。当学习内容与实际问题紧密结合时，知识便不再是书本上那些抽象、枯燥的符号，而是成为学生手中解决问题的有力武器。学生可以更直观地理解知识的意义与应用场景，从而增强学习的实效性。

例如，在地理这一与我们生活息息相关的学科中，教师可以设计关于本地水资源利用与保护的任务。学生们走出教室，深入到本地的河流、湖泊、水库等地进行实地考察，观察水资源的现状，包括水量、水质、水生态等方面的情况。他们收集第一手的数据资料，分析水资源利用过程中存在的问题，然后，基于这些实地考察和分析的结果，学生们提出切实可行的解决方案，如推广节水措施、加强污水处理、优化水资源分配方案等。通过这样的任务，学生能够亲身体验知识在现实中的应用，更加直观地理解地理知识与人们生活的紧密联系。这种体验使学习不再是一种负担，而是成为一种主动追求知识、解决实际问题的愉快旅程。

6. 创新与批判性思维

为了培养学生的创造力与批判精神，须鼓励他们提出问题，挑战传统认知，寻找新解法。通过这样的设计，学生不仅学会了知识，还能运用知识解决更具挑战性的问题。

例如，在经典的物理实验中，学生可以思考是否有其他替代材料或方法可以达到相同或更好的实验效果。这种对传统的挑战不仅能够加深学生对实验原理的理解，更能培养他们的创新思维。在文学鉴赏任务中，教师要引导学生从不同角度对经典作品进行解读，打破传统解读的局限。学生可以从文化背景、社会历史、作者个人经历等多个维度出发，挖掘作品中隐藏的含义和价值，培养批判性思维。在这个过程中，知识在创新与批判的熔炉中得到升华，如同经过烈火淬炼的钢铁，变得更加坚韧而有价值。

7. 分层次任务设计

不同学生的能力各异，因此任务设计须根据学生实际分层，既保证任务的广泛参与性，又确保不同能力的学生均能挑战合适的任务。通过这样的分层设计，学生能够在各自的能力范围内体验成长。

这种分层设计就像是为不同高度的植物搭建合适的架子，每个架子都承载着特定层次的任务，既保证了任务的广泛参与性，让每一朵花都能在阳光雨露下茁壮成长，又确保不同能力的学生都能在自己的能力范围内找到适合自己的挑战高度。对于那些学习能力较弱的学生而言，基础层次的任务就像是温暖的阳光和肥沃的土壤，能够帮助他们建立信心。而对于那些学有余力的学生来说，高层次的任务则如同广阔无垠的天空，为他们提供了无限的发展空间。在这个过程中，他们能够充分发挥自己的潜力，体验成长的快乐。

8. 有效反馈与支持

反馈是教学的重要一环。在任务执行的各个阶段，教师须及时提供针对性的反馈，帮助学生明确自身的学习进展，并为其后续发展提供指导。例如，在学生完成写作任务后，教师可以从文章结构、内容丰富度、语言表达等多个维度给予详细而全面的反馈。通过反馈，学生能够深入了解自己的写作水平，明确自己的改进方向，从而在后续的学习中不断提高自己的写作能力。

同时，教学资源与工具的充分支持是学生顺利完成任务的有力保障，例如，在信息技术课程中，为了让学生能够顺利完成编程等复杂任务，学校和教师需要为学生提供电脑设备，并安装相关的编程软件。同时，还需要提供网络资源，方便学生查阅资料、学习新知识。只有当这些资源和工具都完备时，学生才能够在编程的世界里自由探索，将自己的想法转化为实际的程序代码。

9. 技术与资源的整合

在信息化时代，技术是提升课堂体验的重要手段。通过多媒体、在线工具等资源的整合，教师可以为学生创造更加生动与高效的学习环境。

例如，在历史学科中，教师可以充分利用多媒体技术的优势，展示大量珍贵的历史图片、生动的视频资料等。当这些视觉元素呈现在学生眼前时，能够极大地增强学生对历史知识的感性认识，使那些遥远而抽象的历史事件变得鲜活起来。在线学习平台则为学生提供了一个自主学习的广阔空间，突破了传统课堂时间和空间的限制。这种技术与资源的整合，为学生创造了一个充满活力和创新的学习环境。

10. 评估与调整

任务完成后，教师根据任务的学习效果对其进行评估，并优化教学设计。评估不仅应关注任务的最终成果，还须关注学生的学习过程与策略，为后续教学提供数据支撑。

例如，在数学解题任务中，教师不能仅仅满足于查看学生的答案是否正确，更要深入了解他们解题的思路和方法。如果学生答对了题目，教师需要进一步探究学生是通过何种方式得出答案的，是运用了巧妙的解题技巧，还是仅仅依靠死记硬背的公式。如果学生答错了，教师就要分析是因为对基本概念的理解错误，还是在解题过程中出现了逻辑漏洞。通过这样全面细致的评估，教师能够收集到丰富而有价值的数据，这些数据就像是指引教育方向的指南针，为后续教学提供有力的支持。

（二）三级任务驱动教学设计意识

任务设计的意识是教师进行任务驱动教学设计的基础，这种意识包括目标导向、层次分明以及以学生为中心的理念。这些意识不仅影响任务的设计思路，也在教学实践中直接关系到学生的学习体验与学习成效。

1. 目标导向意识

在教学任务的设计过程中，明确的学习目标至关重要。
首先要明确学习目标，具体到知识、技能与素养的发展。

例如，在语文写作教学这一充满创造力与表达艺术的领域中，教师要明确学生需要掌握不同体裁的写作结构。在技能培养方面，写作中的文字书写规范是基础，语言表达流畅也是重要的技能目标。素养发展则涵盖更广泛的层面，其中审美素养要求学生在写作中对语言之美、意境之美有敏锐的感知能力，能够创造出富有美感的文字画面；思维素养则体现在学生对问题的思考深度和逻辑性上，例如在写作过程中能够运用批判性思维分析问题，运用创造性思维构思独特的情节和观点。

其次要关注任务与目标的一致性，确保任务与学习目标紧密匹配。

例如，在初中语文《故乡》的教学中，教师围绕"人物形象与社会批判"的核心目标，设计了阶梯式学习任务。通过基础型任务——用表格整理少年闰土（"银项圈"）与中年闰土（"石像般沉默"）的外貌、语言对比描写，分析少年闰土与中年闰土的外貌、语言及动作描写；探究型任务——小组合作探究"香炉烛台"这一细节对闰土精神世界变化的象征意义，学生掌握了鲁迅小说中用细节刻画塑造人物性格的方法。最后通过创意任务——撰写 200 字对话，让少年闰土与中年闰土穿越时空相遇，体现人物命运转折的写作环节，使学生能结合社会背景阐释人物命运变迁，深化学生对封建制度压迫的理解。教学评价采用"细节提取—对比分析—现实关联"的三级量表，既检验知识迁移能力，又通过撰写观察身边人物时代特质的报告，实现从文学鉴赏到社会洞察的素养提升。这种设计紧扣新课标对文学作品鉴赏的要求，构建了"语言分析—思维建模—价值思辨"的递进式学习路径，使学生在掌握分析方法的同时，培养了关注社会现实的人文情怀。

最后要有效地评估与反馈，通过多元化评估方式，检验目标达成情况。

通过多元化评估方式检验目标达成情况是教学过程中不可或缺的重要环节，它就像一面镜子，全面而客观地反映出学生的学习状况。评估不应局限于考试成绩这一狭窄的维度，而应是涵盖课堂表现、作业完成情况、小组合作能力等多个方面的综合考量。

例如，在艺术课程中，对学生的评估是一个多元化的过程。可以通过学生的作品展示来评价他们对艺术知识和技能的掌握程度。同时，创作过程中的表现也是重要的评估内容，包括学生的创作态度、对材料和工具的使用熟练程度、解决创作过程中遇到的问题的能力等。此外，学生对艺术作品的理解和诠释也能反映出他们对不同艺术风格的辨别和理解能力，以及他们的艺术素养水平。通过这些多维度的评估，可以全面了解学生在艺术知识、技能和素养方面的发展情况，进而检验学习目标的达成情况。

2. 层次分明意识

任务的分层设计需要充分考虑学生的个体差异。通过基础型任务、探究型任务与综合型任务的层层递进，学生能够在循序渐进的学习过程中实现能力的持续提升。

任务的分层设计是教育因材施教理念在教学实践中的生动体现，它需要教师充分考量学生的个体差异，如同一位经验丰富的建筑师精心设计一座多层建筑，每一层都有其独特的功能和价值。基础型任务是这座知识大厦稳固的地基，它为学生提供基础知识的支撑，确保学生在学习的道路上有一个坚实的起点。这些基础型任务通常围绕着学科的基本概念、原理和简单技能展开，例如在数学学科中，基础型任务可以是让学生掌握整数、小数、分数的基本运算规则，通过简单的练习题让学生熟悉运算方法，形成对数学运算的初步理解。

探究型任务则是建筑在地基之上的坚实楼层，它为学生提供进一步探索知识奥秘的机会。在这个阶段，学生需要运用已有的基础知识，深入思考问题的本质和内在联系。例如，在科学课程中，探究型任务可以是让学生设计实验来探究植物生长与光照、水分、土壤等因素之间的关系。这种探究型任务不仅加深了学生对知识的理解，还锻炼了他们的实验探究能力、逻辑思维能力和科学素养。

综合型任务则是这座知识大厦高耸的楼顶，它要求学生整合所学的各个知识点，展现出他们的深度思维能力和综合运用知识的水平。例如，在设计一个城市规划的综合任务中，学生需要综合运用地理、历史、政治、经济等多学科的知识。从地理角度考虑城市的地形、气候等自然条件对城市布局的影响；从历史角度分析城市的发展脉络和文化遗产的保护；从政治角度规划政府机构、公共设施的分布；从经济角度考虑商业区、工业区的设置。这种跨学科的综合型任务对于学生来说是一个巨大的挑战，但也是他们展现卓越能力的舞台。

3. 学生中心意识

学生是学习的主体。因此，任务设计须围绕学生的兴趣、需求与能力展开。在团队合作项目中，教师根据学生的能力合理分组，使每个学生都能在团队中找到自己的位置，发挥自己的优势，共同完成任务。

例如，在一个关于校园文化节的策划项目中，教师可以将学生分为宣传组、活动组织组、后勤保障组等。宣传组的学生可以发挥自己的绘画、写作、摄影等特长，设计宣传海报、撰写宣传文案、拍摄宣传视频；活动组织组的学生负责策划和组织文化节的各项活动，他们需要具备良好的沟通能力和组织能力；后勤保障组的学生则要做好物资准备、场地布置等工作，他们需要细心和有责任心。在这个过程中，每个学生都能体验到学习的乐趣和成就感，真正成为学习的主人，在团队合作中实现自我价值的提升。

4. 实践应用意识

为了将课堂知识转化为实践能力，任务设计须尽可能联系实际。例如，在物理课堂中，教师可以设计一些简单而有趣的实验，让学生亲身体验物理原理在实际生活中的应用。

例如，通过制作简易的电路模型，让学生了解电流、电压和电阻之间的关系。学生可以使用电池、导线、小灯泡和电阻等材料，搭建串联电路和并联电路，观察不同电路连接方式下小灯泡的亮度变化，从而理解电压在电路中的分配规律以及电阻对电流的影响。这种实验不仅让学生将抽象的理论知识转化为直观的实践操作，更让他们深刻理解物理原理在日常生活中的应用，如家庭电路的设计、电器的使用等。

三、三级任务驱动教学任务的设计步骤

（一）确定学习目标

学习目标是任务设计的出发点。在目标制订中，须综合课程标准的要求与学生的实际情况，使目标既具有挑战性，又可以达成。

（二）分析学生特征

全面了解学生的背景知识与兴趣爱好，是设计贴合学生需求任务的关键。例如，针对动手能力较强的学生，可多设计实验类任务；针对语言表达较弱的学生，则可强化讨论与写作任务。

（三）设计基础型任务

基础型任务聚焦于知识的初步掌握。任务的设置应清晰、具体，并配以必要的支持材料与指导策略，使学生能够轻松进入学习状态。

（四）设计探究型任务

探究型任务强调知识的应用与深化。通过引入真实问题与团队合作，学生的思维能力与协作能力均可在这一阶段得到锻炼。

（五）设计综合型任务

综合型任务是学习的最高层级，旨在引导学生整合知识，并应用于新情境中解决复杂问题。任务须具有一定的开放性与跨学科特征，以培养学生的创新思维与批判能力。

（六）提供反馈与支持

任务完成后，教师须为学生提供建设性的反馈。例如，通过分析学生的展示成果，指出其优点与不足，并有针对性地提出改进建议。

（七）评估与优化

最后，教师应根据学生的学习成果与课堂表现，对任务设计进行反思与优化，确保教学活动的持续改进。

三级任务驱动教学的实施策略，旨在通过层层递进的任务设计，激发学生的学习兴趣，提升其知识能力与综合素养。唯有在实践中不断优化与完善，才能将这一教学模式的优势充分发挥出来，使课堂真正成为学生成长的沃土。

四、三级任务驱动教学的实践应用

（一）三级任务驱动教学在不同学科中的深度实践

1. 数学学科

1）基础型任务：夯实运算基础与几何初步

在初中数学的基础任务中，对于代数部分，重点是让学生熟练掌握有理数、无理数的运算规则。例如，通过大量的四则运算练习题，使学生理解正负号在运算中的变化规律，像（－3）＋5 和（－3）×5 的结果差异，让他们形成对数字运算的敏感度。同时，对于整式的基本运算，如合并同类项，教师可以利用实物模型，如用不同颜色和形状的卡片代表不同的项，让学生直观地理解同类项合并的概念。

在几何方面，认识基本的几何图形是关键。从简单的点、线、面开始，教师可以利用生活中的实例，如教室的墙角代表点，黑板的边缘代表线，墙面代表面，让学生建立几何元素与现实的联系。进而学习三角形、四边形等基本图形的性质，通过测量三角形的内角和、边长关系等实践活动，加深对几何知识的理解。

2）探究型任务：函数与几何证明的探索之旅

函数是初中数学探究型任务的重要内容。教师可以引导学生探究一次函数、二次函数图像与性质之间的关系。例如，让学生通过列表、描点、连线的方式绘制函数图像，观察当自变量变化时，函数值是如何变化的。在探究过程中，鼓励学生提出问题，如为什么一次函数图像是直线，二次函数图像是抛物线。然后组织学生分组讨论，通过计算函数的斜率、对称轴等方式来寻找答案。

几何证明也是探究的重点领域。以三角形全等证明为例，教师给出不同的三角形条件，让学生尝试证明它们是否全等。学生需要运用已学的三角形性质和定理，如边角边、角边角等定理，通过逻辑推理来构建证明过程。在这个过程中，培养学生的逻辑思维和空间想象能力，让他们像侦探一样，从已知条件中寻找线索，推导出结论。

3）综合型任务：数学建模在实际问题中的应用

在综合型任务阶段，数学建模成为核心。例如，设计一个校园规划的数学模型。假设校园要新建一个操场，需要考虑操场的面积、周长，以及与周围教学楼、食堂等建筑的距离关系。学生需要运用几何知识计算操场的形状和大小，同时利用函数关系来确定最佳的位置选择，以满足学生课间活动方便、不影响教学秩序等条件。

又比如，在经济问题建模中，让学生模拟商店的成本、售价和利润之间的关系。通过调查市场上商品的价格波动，收集数据，建立函数模型，分析如何制定合理的售价以实现最大利润。这需要学生综合运用代数、函数、统计等多方面的知识，培养他们解决实际问题的能力和创新思维。

2. 英语学科

1）基础型任务：词汇积累与简单句型掌握

初中英语的基础型任务首先是词汇的积累。教师可以通过多种有趣的方式帮助学生记忆单词，如制作单词卡片，卡片一面是单词，一面是图片或例句，让学生通过视觉和联想记忆单词。同时，利用英语歌曲、简单的英语动画等资源，让学生在轻松愉快的氛围中接触新单词。

对于简单句型的学习，从基本的主系表、主谓宾结构开始。教师通过日常对话的情境模拟，如问候、介绍自己和他人等，让学生熟练运用这些句型。例如，在课堂上设置角色扮演活动，让学生扮演不同的角色，用所学的句型进行交流，增强他们的口语表达能力。

2）探究型任务：语法规则的深度探究与阅读拓展

在探究型任务中，语法是重点。教师可以引导学生对初中英语的重点语法，如时态（一般现在时、一般过去时、现在进行时等）进行深入探究。通过对比不同时态在句子中的用法和意义，让学生理解时间状语与时态的关系。例如，通过阅读含有不同时态的短文，让学生找出并分析其中时态的运用，然后自己创作短文，正确运用所学时态。

阅读拓展也是探究型任务的重要部分。教师选择适合初中学生水平的英语读物，如简单的英语故事书、科普短文等，让学生在阅读中提高阅读理解能力。在阅读过程中，鼓励学生猜测生词的意思，通过上下文理解句子的含义，同时分析文章的结构和逻辑关系。

3）综合型任务：英语短剧创作与跨文化交流展示

综合型任务可以设计英语短剧创作。学生分组选择一个经典的英语故事或者自己创作一个故事，将其改编成短剧。在这个过程中，他们需要运用所学的词汇、语法、句型等知识，同时要考虑角色的性格特点和情感表达。短剧的表演需要配合适当的动作、表情和道具，这不仅锻炼了学生的英语综合运用能力，还培养了他们的团队协作和表演能力。

此外，跨文化交流展示也是一种综合型任务形式。学生选择一个英语国家的文化主题，如英国的下午茶文化、美国的感恩节等，通过收集资料、制作

PPT、进行演讲等方式，向同学们展示该文化的特点、历史渊源和与中国文化的差异，拓宽学生的国际视野，提高他们的跨文化交际能力。

3. 科学学科（物理、化学、生物综合）

1）基础型任务：科学基础知识的启蒙

初中科学学科的基础型任务，对于物理部分，是让学生了解基本的物理现象，如声音的产生和传播、光的直线传播等。通过简单的实验，如敲击音叉观察水花溅起，用手电筒照射小孔观察光的传播路径，让学生直观地感受物理现象。同时，学习基本的物理量，如长度、时间、质量的测量方法，掌握测量工具的使用。

化学方面，认识常见的化学物质是基础。从水、空气等身边的物质入手，了解它们的组成和性质。例如，通过电解水实验，观察水分解成氢气和氧气的过程，学习水的化学组成。同时，学习化学实验的基本操作，如药品的取用、酒精灯的使用等。

生物部分则从生命的基本特征开始，了解生物与非生物的区别。认识细胞是生命活动的基本单位，通过显微镜观察洋葱表皮细胞等简单实验，让学生看到细胞的结构，激发他们对生物世界的好奇心。

2）探究型任务：跨学科科学问题的研究

探究型任务可以围绕一些跨学科的科学问题展开。例如，在探究植物的光合作用时，涉及生物、化学和物理知识。从生物角度，了解光合作用的场所（叶绿体）和过程；从化学角度，分析光合作用中物质的转化，如水和二氧化碳如何转化为有机物和氧气；从物理角度，研究光在光合作用中的作用，如不同颜色的光对光合作用效率的影响。

教师可以组织学生分组进行实验，设计不同的实验条件，如改变光照强度、二氧化碳浓度等，观察植物的生长情况和光合作用的效果。学生在这个过程中，需要运用多学科知识进行实验设计、数据收集和分析，以此培养他们的综合科学素养和探究能力。

3）综合型任务：环保项目中的科学应用

综合型任务可以设计校园或社区的环保项目。例如，设计一个校园垃圾分类和处理方案。学生需要运用物理知识设计垃圾分类的装置，利用不同物质的物理性质（如密度、磁性等）进行分类；运用化学知识处理有害垃圾，了解如何将废旧电池中的有害物质进行无害化处理；从生物角度，考虑如何利用微生物分解有机垃圾，实现资源的回收利用。在这个过程中，学生还要进行社会调查，了解校园或社区居民对垃圾分类的认知和执行情况，编写宣传方案，提高大家的环保意识。通过这样的综合型任务，学生将科学知识应用到实际生活中，解决现实问题，同时培养了社会责任感和环保意识。

（二）三级任务驱动教学在课堂中的具体实践

1. 三级任务驱动教学法在理科课堂中的应用

理科以"溶解度基础"课堂实录为例，展示三级任务驱动教学法在初中课堂中的应用。

1）教学准备

在对实验对象实施基于任务驱动的分层教学法前，首先应做好实验前准备工作。

（1）学生分层

尊重学生的客观差异，以九年级化学上学期期中模拟检测成绩为主要依据，结合"化学课堂学习状态"问卷调查情况及笔者在课堂对学生的观察情况，将学生分成 A、B、C 三层，数量比为 1∶2∶1。本实验以光谷七初九年级 5 班为实验班，全班共 48 名学生，其中 A 层学生 12 人，B 层学生 24 人，C 层学生 12 人。

（2）异质分组

分层之后再对学生进行异质分组，全班 48 人，4 人一组，共 12 组，每一小组中均包含 A 层学生 1 名、B 层学生 2 名、C 层学生 1 名，分组时尽量保证 12 组学生水平相当。学生组内投票选择小组长，教师在旁协助，确保小组长具有一定的组织与领导能力，能带领组内成员进行学习探究活动，完成教师布置的课堂教学任务。

2）教学背景分析

（1）教材分析

本节课的教学重点：明确饱和溶液和不饱和溶液相互转换方法、提纯方式等。

教学难点：能进行溶解度的相关计算。

（2）学情分析

该部分知识较为基础，A、B、C 三层学生都能具备，为本节课的学习打下一定基础。课程开始时的引入常识部分可交由 C 层学生完成，激发该层学生的学习积极性。主要针对 A 层及部分 B 层学生，提升该部分学生的思维能力，做到因材施教，分层教学。

3）教学目标分层

在对本节课内容进行了详细的教材分析及学生学情分析之后，结合新课程标准对本节课的要求，制订了如下分层教学目标：

① 明确溶解度的概念，知道点、交点、线的意义（指向全体学生）；

② 明确饱和溶液和不饱和溶液相互转换方法、提纯方式等（指向 A、B 类学生）。

4）教学任务分层

以下为依据本节课教学内容，结合各层学情分析设计的分层教学任务。

① 基础型任务：课前自学与课堂任务一（见下文）。

② 探究型任务：课堂任务二（见下文）。

③ 综合型任务：课堂任务三（见下文）与课后训练。

5）教学过程 ①

以下为本节课的课堂教学实录。

一、课前自学环节

【活动】知识点填空

1. 饱和溶液和不饱和溶液概念：在一定_____下，向一定量_____里加入某种溶质，当溶质_____继续溶解，所得的溶液叫作这种溶质的饱和溶液。_____继续溶解的，叫作这种溶质的不饱和溶液。

2. 溶解度概念：在一定_____下，某固态物质在_____溶剂里达到_____状态时溶解的质量。溶解度单位为_____。

3. 溶质质量分数＝_____

4. 用固体配置一定质量分数溶液所需仪器：_____

---

① 王珏. 基于任务驱动的分层教学法在初中化学应用中的研究 [D]. 重庆：西南大学，2023.

二、课中研学环节

 课堂任务 1：溶解度图像基础复习

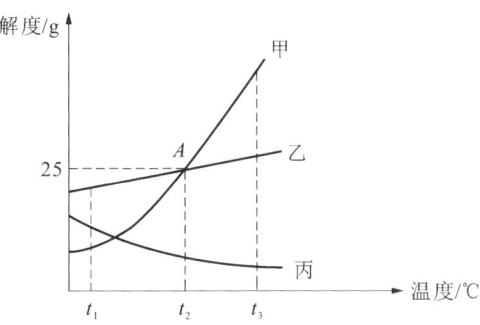

【活动一】溶解度点、线问题（独立思考）

1. t_2 ℃时甲物质的溶解度为 _____。

2. 在 _____ ℃，甲和乙的溶解度相同。

3. 丙物质的溶解度随温度的升高而 _____。（填"升高"或"降低"）

4. 在 t_3 ℃时甲、乙、丙溶解度大小关系为 _____。

【活动二】饱和溶液不饱和溶液的转换（独立思考，学友回答，师友补充）

1. 将 t_2 ℃甲的饱和溶液变成不饱和溶液的方法是 _____。

2. 将 t_2 ℃丙的不饱和溶液变成饱和溶液的方法是 _____。

【活动三】识别提纯方式（独立思考）

1. 甲固体中含有少量丙，欲提纯甲，则采用的方法为 _____ _____。

2. 乙固体中含有少量甲，欲提纯乙，则采用的方法为 _____ _____。

3. 丙固体中含有少量乙，欲提纯丙，则采用的方法为 _____ _____。

 巩固训练一

硝酸钾和氯化钾的溶解度曲线如下图所示：

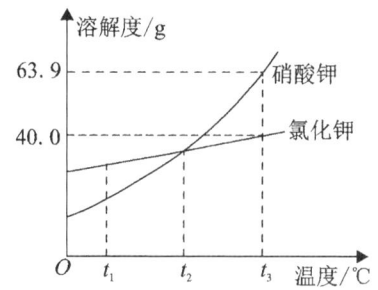

1. t_3℃时，硝酸钾的溶解度为_____，氯化钾溶解度为_____。

2. 在_____下，硝酸钾和氯化钾溶解度相同。

3. 将硝酸钾不饱和溶液变饱和的方法有_____。（写一种即可）

4. t_2℃时，氯化钾的饱和溶液中含有少量硝酸钾，提纯氯化钾的方法是_____。

5. 查阅相关物质的密度后，在实验室完成该实验通常需要的仪器有烧杯、量筒和_____。（填字母标号）

A. 托盘天平　　　　　　　　B. 药匙

C. 胶头滴管　　　　　　　　D. 玻璃棒

 课堂任务 2：溶解度基础计算（先独立思考，再学友进行交流）

1. 在 t_2℃，将 20g 甲加入 100g 水中，所得溶液是_____溶液（填"饱和"或"不饱和"），溶液质量为_____。

2. 在 t_2℃，将 30g 甲加入 100g 水中，所得溶液是_____溶液（填"饱和"或"不饱和"），溶液质量为_____。

3. 在 t_2℃，将 20g 甲加入 50g 水中，所得溶液是_____溶液（填"饱和"或"不饱和"），溶液质量为_____。此时溶液质量分数为_____。

解题思路：根据水的质量求出实际溶解固体的质量。

溶液质量＝水的质量＋实际溶解固体的质量

 **巩固训练二**

溶液在日常生活、工农业生产和科学研究中具有广泛用途。氢氧化钙、硝酸钾、氯化钠的溶解度如下表所示。

温度/℃		0	20	40	60	80
溶解度/g	氢氧化钙	0.18	0.16	0.14	0.11	0.09
	硝酸钾	13.3	31.6	63.9	110	169
	氯化钠	35.7	36.0	36.6	37.3	38.4

1. 氢氧化钙溶解度随温度升高而＿＿＿＿＿＿＿＿（填"增大"或"减小"）。

2. 60℃时，将 50g 硝酸钾固体加入 50g 水中，此时溶液质量为＿＿＿＿＿＿＿＿＿，溶质质量分数为＿＿＿＿＿＿＿＿＿。

3. 20℃时，饱和氯化钠溶液质量分数为＿＿＿＿＿＿＿＿＿＿。

课堂任务 3：溶液稀释问题

【活动一】（老师引导，学生思考，老师演示，学生模仿）

将 100g A 点饱和溶液稀释成 5%，需加水质量为多少？

思路解析：

因为：稀释前后溶质不变；

所以：溶液×质量分数（稀释前）＝溶液×质量分数（稀释后），A 点是饱和溶液，此时溶解度为＿＿＿＿＿，所以稀释前溶质质量分数为：＿＿＿＿＿。

计算过程记录：

溶液×质量分数（稀释前）＝溶液×质量分数（稀释后）

↓　　　　↓　　　　　　↓　　　　↓

＿＿＿＿×＿＿＿＿＿＿＿＝＿＿＿×＿＿＿＿＿

所以加水质量为：＿＿＿＿＿＿＝＿＿＿＿＿＿

【巩固训练三】（小组讨论）

60℃时，将 210g 饱和硝酸钾溶液稀释成质量分数为 10% 的硝酸钾溶液，需加水的质量为＿＿＿＿＿＿＿＿。

计算过程记录：

溶液×质量分数（稀释前）＝溶液×质量分数（稀释后）

↓　　　　↓　　　　　　↓　　　　↓

＿＿＿＿×＿＿＿＿＿＿＿＝＿＿＿×＿＿＿＿＿

所以加水质量为：＿＿＿＿＿＿＝＿＿＿＿＿＿

课堂总结

师：本节课的主要学习内容已完成，恭喜大家完成了学习任务，大家都非常棒（针对课堂表现进行表扬、小组整体评价、组间评价、组内评价、生生评价），那你能总结一下本节课你有哪些收获吗？

（采取 C、B、A 层学生的顺序进行回答，提高各层学生的参与度）

生：按照 C、B、A 层学生的顺序进行回答，完善知识框架，梳理清楚知识体系。

师：本节课的课后分层作业如下，请同学们完成。

课堂结束后，教师布置课后作业。提醒 C 层学生务必完成基础题，B 层学生务必完成到提高题，A 组学生务必完成到拓展题。

三、课后训练

1. 化学兴趣小组探究碳酸氢钠、氯化钾、氯化钠和氯化铵的溶解性时，查阅资料如下：

表 1　物质在不同温度时的溶解度

温度/℃		0	10	20	30
溶解度/g	NaHCO₃	6.9	8.2	9.6	11.1
	KCL	27.6	31.0	34.0	37.0
	NaCl	35.7	35.8	36.0	36.3
	NH₄Cl	29.4	33.3	37.2	41.4

表 2　溶解度的相对大小（20 ℃）

溶解度/g	一般称为
<0.01	难溶
0.01~1	微溶
1~10	可溶
>10	易溶

回答下列问题：

（1）10℃时，NaCl 的溶解度为＿＿＿＿＿＿。

（2）根据20℃时上述四种物质的溶解度，判断其中属于"可溶"的物质是＿＿＿＿＿＿。

（3）将30℃时上述四种物质的饱和溶液各ag分别降温到0℃，析出固体质量最大的物质是_____。

2. 溶液在日常生活、工农业生产和科学研究中具有广泛用途。氢氧化钙、硝酸钾、氯化钠的溶解度如下表所示。

温度/℃		0	20	40	60	80
溶解度/g	氢氧化钙	0.18	0.16	0.14	0.11	0.09
	硝酸钾	13.3	31.6	63.9	110	169
	氯化钠	35.7	36.0	36.6	37.3	38.4

回答问题：

（1）氢氧化钙的溶解度随温度的升高而____（填"增大"或"减小"）。

（2）将接近饱和的硝酸钾溶液变为饱和溶液，可以采用的一种方法是_____。

（3）20℃时，将50g氯化钠加入50g水中，此时溶质质量分数为_____。

3. 下表是氯化钠和硝酸钾在不同温度下的溶解度。

温度/℃		0	10	20	30	40	50
溶解度/g	NaCl	35.7	35.8	36.0	36.3	36.6	37.0
	KNO_3	13.3	20.9	31.6	45.8	63.9	85.5

请回答下列问题：

（1）30℃时，硝酸钾的溶解度为_____。

（2）使硝酸钾饱和溶液变为不饱和溶液，可采用的一种方法是_____。

（3）将50℃氯化钠饱和溶液137.0g稀释成10%，需加水质量为_____。

6）课例分析

课堂任务一是基础型任务，是三级螺旋式上升学习进阶中的第一级。这一阶段聚焦于课本中最基础的知识点，确保全体学生都能掌握。教师通过精心设计，使得学生通过阅读课本便能找到答案，并通过习题巩固所学，让大部分学生都能扎实掌握。

课堂任务二是基础型＋探究型任务，是三级螺旋式上升学习进阶中的第二级。该组问题涵盖了绝大部分知识点，是对课堂任务一的应用和拓展。相较于任务一，这些问题更具挑战性，意在突破重点知识点，面向 80％的学生。这些学生通过思考和讨论，结合教材信息，能够有效掌握这一阶段的知识。

课堂任务三是综合型任务，是基于课堂任务二的拔高和综合应用，难度进一步加大，是三级螺旋式上升学习的最高阶段。针对难点知识点，面向 30％的学生。在教师的引导下，通过探究、思考、讨论，少数学生能够掌握这一阶段的知识。

学生在学习本课化学溶解度基础知识过程中，基于课本内容和教师设计的三级学习任务，进行独立思考与小组合作，全面总结归纳出了化学溶解度的基础知识以及计算方法。教师通过三级任务驱动层层递进的问题设置，引导学生深度学习。同时，注重学生成果展示与知识检测，使教师能更好地把握教学目标与进程，提高学生的学习参与度和效果。

2. 三级任务驱动教学法在文科课堂中的应用

文科以"近代前期的工业化与社会生活"专题复习课堂实录为例，展示三级任务驱动教学法在初中课堂中的应用。

1）教学准备

在对实验对象实施基于任务驱动的分层教学法前，首先应做好实验前准备工作。

（1）学生分层

尊重学生客观差异，以八年级历史上学期期中模拟检测成绩为主要依据，结合"历史课堂学习状态"问卷调查情况及笔者在课堂对学生的观察情况，将学生分为 A、B、C 三层，数量比为 1∶2∶1。本实验以光谷七初九年级 2 班为实验班，全班共 48 名学生，其中 A 层学生 12 人，B 层学生 24 人，C 层学生 12 人。

（2）异质分组

分层之后再对学生进行异质分组，全班 48 个人，4 人一组，共 12 组，每一小组中均包含 A 层学生 1 名、B 层学生 2 名、C 层学生 1 名，分组时尽量保证 12 组学生水平相当。学生组内投票选择小组长，教师在旁协助，确保小组长具有一定的组织与领导能力，能带领组内成员进行学习探究活动，完成教师布置的课堂教学任务。

2）教学背景分析

（1）教材分析

本节课的教学内容：通过史料、图表、地图等材料掌握近代民族工业的发展历程及特点，培养唯物史观、时空观念和史料实证素养；以近代工业化为中心点，从小切口切入工业化背景下的近代交通和社会生活，加强知识的横纵向联系，培养历史解释、时空观念素养；通过工业化的发展以及工业化背景下的交通和社会生活的学习，意识到经济发展推动社会进步，要坚持以经济建设为中心、坚持改革开放，坚持创新驱动发展战略，培养家国情怀。

本节课的教学重点：近代工业化发展。

教学难点：工业化背景下的近代交通与社会生活。

（2）学情分析

该部分知识较为基础，A、B、C 三层学生都能具备，为本节课的学习打下一定基础。课程开始时的引入常识部分可交由 C 层学生完成，激发该层学生的学习积极性。课程主要内容针对 A 层及部分 B 层学生，提升该部分学生的思维能力，做到因材施教，分层教学。

3）教学任务分层

以下为依据本节课教学内容结合各层学情分析设计的分层教学任务。

① 基础型任务：课前自学与探究一（见下文）。

② 探究型任务：探究二（见下文）。

③ 综合型任务：探究三（见下文）以及课后训练。

4）教学过程

以下为具体教学过程。

一、课前自学环节

独自思考：我国近代工业化的发展与哪些历史事件有关？

二、课中研学环节

【探究一：近代工业化】

1. 梳理我国近代民族工业（民族资本主义）发展历程，填写下表。

（独立思考：学友回答，师友点评）

阶段	背景（事件）	代表人物
产生 （19世纪六七十年代）		
初步发展 （19世纪末20世纪初）		
短暂的春天 （1914—1918）		荣氏兄弟（面粉大王）、卢作孚、侯德榜
艰难生存 （曲折发展）	三座大山的压迫（外国资本主义、封建主义、官僚资本主义）	

2. 指出图中哪条曲线代表民族资本主义并说明理由。（学友互助：学友回答，师友补充）

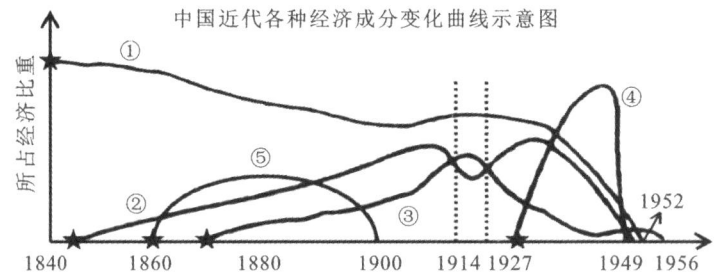

中国近代各种经济成分变化曲线示意图

3. 请根据 PPT 材料归纳近代民族工业发展的特点。（小组合作：讨论交流、学友展示）

【探究二：工业化背景下近代交通——以铁路为例】

材料一：1903—1910 年，全国共有 15 个省设立了铁路公司，先后有 18 家民办铁路公司应时而生。1901—1911 年，中国新建铁路里程总计约 8200 公里，其中外商直接建筑的计 3700 余公里，占 45.1%；外资通过向清朝政府提供贷款而间接建筑的计 3300 公里，占 40.3%；中国人自己建筑的，包括京张铁路（官办）在内，计约 1200 公里，只占 14.6%而已，但京张铁路却拉开了自主修筑铁路的序幕。

——摘编自杜恂诚《中国近代经济史概论》

1. 根据材料一，指出近代前期中国铁路建设发展的特点。（学友互助：学友回答，师友补充）

材料二：1895 年甲午战败，给清政府以极大刺激。清政府决定"力行实政"，并将修筑铁路作为"实政"首策。1905年，清政府决定自主修建京张铁路，由詹天佑担任总工程师。他是中国派遣的第一批留学生，留学期间勤奋学习，并以优异成绩从铁路专修科毕业。他为了打破外国人的技术垄断，从勘探、设计到施工都亲自参与，大胆创新，克服困难，使工程提前竣工。

——摘编自龚云《铁路史话》

2. 根据材料二并结合所学，分析詹天佑主持建成京张铁路的原因。（学友互助：学友回答，师友补充）

【探究三：工业化背景下的社会生活】

1. 请从民国时期上海街景图片中找出该时期社会生活的变化，并根据所学知识指出该变化产生的背景。（独立思考：学友回答，师友点评）

材料：人们的饮食、服饰、婚丧以及休闲娱乐方式日益开放，出现了崇洋逐新的趋向。西餐、西式蛋糕、洋酒、洋烟、洋布在沿海城市成为时尚，文明结婚、集体婚礼、公葬、追悼会等新式婚丧礼节纷纷出现，公园、咖啡馆也在大都市风行一时。在时装、烫发流行之际，旗袍、中山装等具有民族风情的服装也受人青睐。

2. 根据材料并结合所学，简要分析近代城市社会生活发展的特点。综合上述对近代工业化以及工业化背景下的交通与社会生活的学习，谈谈你的认识。（小组合作：讨论交流、学友展示）

三、课后训练

1. 1895年7月，光绪帝发布有关"恤商惠工"的上谕；1896年2月，总理衙门奏请各省设立商务局，得到朝廷批准；其后，清政府还准许民间招商集股开矿。这些举措（　　　）。

A. 加速了洋务运动的破产　　　B. 阻止了自然经济的解体

B. 实现了富国强兵的目的　　　D. 促进了民族工业的发展

2. 在"欧风美雨"的影响下，近代中国的社会生活悄悄发生变化。下列服饰既体现了中西合璧又融合了满汉风格的是（　　　）。

A. 唐装　　　　B. 长袍马褂　　　　C. 旗袍　　　　D. 西装

3. 阅读材料，回答下面的问题。

阶段	概况
中国古代	父母之命，媒妁之言；男尊女卑、三从四德、贞洁观；注重门当户对
中国近代	自由恋爱；一夫一妻、男女平等；西式婚礼、中西结合；离婚自由；看重性情、学问、思想等

——摘编自任燕《浅谈近代中国婚姻观念变迁及原因》等

阅读材料，分析中国近代婚姻观念变化的原因，并结合所学予以论述。（要求：论题明确，论述充分，论据准确，逻辑清晰）

5）课例分析

在本节课的课程设计中，探究一是为了考查学生对于历史事件的概括能力，所以要求学生独立完成，随后进行抽样展示。探究二则是一个探究型任务，也是本节课的学习重点。它旨在让学生掌握工业化下的近代交通情况，通过现象总结出工业化对近代社会的影响。因此在这个环节中，授课老师安排了学友组进行合作探究，并从班上抽取一个合作小组进行展示。至于探究三，它专注于攻克难点，通过这一环节来锻炼学生的批判性思维和综合能力。在整个教学环节中，授课老师精心设计了每一个任务，确保它们与学生的认知水平相匹配，用任务驱动促进学生的学习，使学生真正成为课堂的主人。

第四节　实践成效

一、激发主体性创造性

任务驱动式长短课主张将学习过程转化为由具体任务推动的认知探索之旅，学生不再是单纯接受预设知识，而是围绕真实或模拟的实际问题，积极寻求解决方案。这种"做中学"的方式，能够让学生在解决学习任务的过程中体验到自我价值的实现，进而唤醒内在的学习动力和求知欲。同时，任务驱动式长短课教学通过提供目标明确且富有趣味性的教学任务，促使学生主动深度思考与持续探究，有利于形成批判性思维和创新意识，从而真正发挥其作为学习主体的积极性和创造性，这是对传统教学模式的重大突破，也恰恰契合了新中考对学生主体性和能动性培养的核心诉求。

二、提升解决问题能力

任务驱动式长短课教学模式摒弃了传统的单一线性知识传授方式，转而通过设置一系列与现实生活紧密关联的教学任务，让学生在解决实际问题的过程中逐步习得和深化知识。当学生直面复杂的情境时，需要调动已有的知识储备，并灵活运用于解决现实问题，这实质上是在训练他们的迁移应用能力和跨学科整合能力。此外，任务驱动式长短课教学还鼓励团队合作与交流讨论，使学生学会从多元视角审视问题，共同寻找最优解，从而切实提高他们在真实世界中发现问题、分析问题和解决问题的综合素质。

三、适应个性化学习需求

任务驱动式长短课教学模式强调以任务为核心，根据学生的兴趣、能力和水平，设计多层次、多维度的教学任务，允许学生自主选择、自主探究，实现了教学内容的动态调整和个性化匹配。在完成任务过程中，每个学生可以根据自身认知特点和学习节奏进行深入学习，避免了群体教学中的"一刀切"现象，有效地保障了学生的个性化发展。同时，教师在实施过程中也会根据学生完成任务的进度和反馈对教学进行动态调整，确保教学内容和节奏与学生个性化需求相匹配，从而有效培养学生的个性特长，落实新中考倡导的因材施教理念，助力学生全面而有个性地发展。

第三章　学习方式变革——学友互助

第一节　学友互助学习方式的内涵特征

一、学友互助学习策略的背景

自主学习、合作学习和探究式学习是目前新课程改革所提倡的三种重要学习方式，这三种学习方式可以很好地培养学生的合作能力、探究能力和自主性。作为主流教学方式之一，合作学习主要通过鼓励学生自主探究和相互帮助学习，以完成学习活动和学习任务，获得相应的知识技能，在培养学生的独立能力，增强其社会集体意识和集体荣誉感等方面具有独特的优势。因此围绕新课改的"以学生为中心"，当前中学课堂教学改革大都以"量化积分"和"合作学习"为突破口，旨在提升学生学习的积极性和主动性，将传统上"以教师为中心"的课堂转为"以学生为中心"的课堂。仿佛就在一夜之间，小组合作学习"忽如一夜春风来，千树万树梨花开"，被广泛地运用到课堂之中，无论是"杜郎口"模式，还是洋思中学的"先学后教"模式，近年来这一模式的运用如雨后春笋般层出不穷、随处可见，似乎成为教育界颇具影响力的模式，无小组合作就不能体现课改精神。无疑小组合作学习给传统的课堂注入了活力，它强调了学生的主体地位，使学生的个性化、社会化发展得到了张扬，对培养学生的自主思辨能力发挥了不可替代的作用，为学生打开了自主探索、团结协作精神和人际交往能力的窗口。[①]

二、学友互助学习策略的意义

在一个人数较多的小组中，合作学习往往会出现以下问题。第一，学生往往不具备合作的意愿和倾向，他们之所以表现出交流互助行为，更多的是出于教师的要求和安排。由于教师的权威性，学生不得不进行合作。但是，由于带有强制性，学生只是形式上参与小组合作学习，小组合作学习缺乏实质的效果。[②] 第二，单一性的小组合作学习，会因为合作人数过多，难以真正促使那些基础薄弱、不善于表达的学生积极参与讨论、参与课堂。教师很难关注小组里的每一位学生，更不能及时对他们的学习做出总结评价。怎样才能在教学中，覆盖到每一个学生，真正激发内部学习动机，提高学习效率，让学生学得不那么苦，教师教得不那么累？为此，借鉴当前国内课改的成功经验，我们推行了学友互助学习策略。

依据新课标倡导的"自主、合作、探究"理念，开展学友合作学习，能够为学生提供最大限度地参与学习全过程的环境，弥补交流不足的缺陷，打造高效课堂，真正实现学生整体提升的目的。"学习金字塔理论"认为，不同的学习活动，其效率（24 小时后的保持率）是不一样的。听的保持率为 5％，听和看只有 10％，讨论可以达到 50％，而教别人则可以达到 90％。高保持率（50％以上）的学习活动都是主动的，是通过合作的方式来完成的。我们的教学愿景是：让学生自己会学，让学生自己学会。于是我们构建了学友互助学习模式，通过科学匹配伙伴（即同伴），结成两人结对的"学友"，让"学友"二人之间互相主动帮助或求援来获得知识和技能，发展学生自主学习、合作学习、深度学习的能力，提升学生自主解决问题的能力，倡导学生通过同伴互助分享学习过程、交流思想方法，真正实现学为中心、共生共进。实施学友互助学习策略，可以很好地帮助学习有困难的学生纠正不良的学习习惯。同时，由于课堂上老师会进行分层教学，设计需要学友合作共同完成的问题，由师友一对一带领着学友，能在很大程度上提高上课爱走神的学生的课堂专注度，帮助这些学生提高课堂效率。

在课堂学习评价这块，传统的评价是一对一、点对点式评价。这样的评价

① 庄敏. 初中语文课堂小组合作学习研究 [J]. 课外语文，2017（2）：92.
② 张冰洁. 课堂中合作小组学习问题及对策研究 [D]. 南京：南京师范大学，2013.

方式既费时费力，难以坚持，且长期实施下去，受表扬的永远会是前面那一批优秀的学生，对学生的评价难以全面覆盖。即使是学友合作点评，在课堂有限的时间内，仍然难以详细记录对每一对学友的评价。学友互助学习策略中，结合小组合作学习，我们创新性地采用小组评价模式。以小组为单位进行评价，全班最多八个小组，这样可以缩小评价的范围，简化评价方式，方便记录，让教师在课堂中能够对学生的表现及时进行评价。同时这一评价模式也能够促进班主任进行班级管理。因为小组评价的内容不仅包括学生的课堂表现，还能涵盖一个班级日常的方方面面，例如跑操、出勤、卫生等。因此，这样的小组评价，能够极大地增强组员的责任感和团队合作意识。在课堂教学中实施学友互助学习策略，学生们以一对学友为单位进行合作学习，每个学生都能发挥自己的作用，回答老师设计的分层问题，最后为自己和结对学友所在小组争取积分。这样简单且容易实施的学友小组评价学习策略，推动了科任老师的分层教学，提高了课堂效率，让每个层次的学生都能有学习的参与感，促使他们主动完成学习任务，找到学习的意义和乐趣。

三、学友互助学习策略的要素

"学友互助"学习策略主要有两个层次的要素。第一层次是"学友互助"，其中包含学友关系以及学友互助学习两个部分。第二层次是由结对学友组成的学友互助合作小组（以下简称小组），这包括小组的组建、结对学友的"捆绑"和以一个小组为单位进行量化积分的评价模式。因此，本学习策略核心要素包括以下四个方面的内容。

（一）学友关系

学友关系是针对传统的"师道尊严"和学生以应试升学为唯一目标所形成的竞争关系，而提出的一种以学习合作、互帮互助为纽带的新型的课堂学生关系。"师友关系"在学生之间体现为"亦师亦友"，学生之间的爱是一种"帮促结合"的爱，是相互帮助、相互欣赏、相互支持、相互启发、相互督促，更是相互砥砺。在"学友互助"这一概念中，结对的两位学生一起被称为"学友"，两位学生中学业水平较强的学生被称为"师友"（口语中有时称师父），学业水平较弱的学生被称为"学友"（口语中有时称徒弟）。在一对学友中，学业水平较强的师友通过对自身所学信息的再加工，然后以自己能够理解的方式，重新构建知识图式，输出给学友。根据现代认知心理学和学习金字塔理论，师友这一主动学习的过程能够巩固自身所学知识。而对于学友，在这样一对一的、来自同龄人的知识讲解中，他们可以完全掌握自己的学习节奏，可以反复讲、反复听。这一过程能够很好地弥补因教师全班讲授，学业水平较弱的学生跟不上而听不懂所带来的不足。在这个过程中，学友可以不断地查漏补缺，提高自己的学习专注度，弥补自己在学习上存在的不足，进而不断提升自己的学习成绩。

（二）学友互助学习

学友互助学习指的是两人组成的结对学友互助学习、共同进步的学习过程。学友互助学习主要分为课堂学习和课下巩固两种学习场景。

（1）在课堂学习过程中，需要学友合作完成"预习汇报"和"互助展示"两种学习活动。

预习汇报是课堂教学的第一个环节。学生按照要求进行课前预习（具体含义详见后文"学习流程"之"课前任务分级"），课堂上由不同的结对学友分任务进行汇报。结对学友进行汇报时，先由学友单独发言，再由师友进行评价和补充。其他结对学友既可以就前一对学友汇报的内容进行评价和补充，也可以汇报不同的预习任务。

互助展示可以是课堂教学的任何一个环节。当教师抛出分层任务，并发出明确指令要求该任务需要哪些层次的学生进行回答后，先由学友自主学习，然后合作讨论，之后教师指定层次的学生会在全班面前进行展示。展示时，需要师友同时站起来，学友先发言，师友再做评价和补充。例如在语文这一学科中，会有解释文言文生词含义这一简单的学习任务，那么在进行该学习任务之前，教师可以指定该问题由 C 或 D 层次的学生来完成。学友接到此学习任务以后，将会自主学习，然后合作讨论，最后根据需要解释的生词数量的多少，每个小组推选出 C 或 D 层次的学友进行展示，展示结束后，A 或 B 层次的师友则对学友的答案进行补充或修正并予以评价。需要注意的是，在任何学习环节，学友两人都是捆绑在一起评价的。

（2）在课下巩固的学习过程中，师友需要帮助学友解答学习上的难题并督促学友完成必须完成的基础型学习任务。

由于很多学友学习习惯较差、学习基础薄弱等各方面原因，他们很多时候都不能在课上完成应该完成的限时任务。那么在课下的时候，有一个师友一对一进行督促和帮扶，就可以很好地帮助他们及时查漏补缺，弥补教师精力不足而对他们监督的缺失。例如，在英语这一学科中，很多时候早读需要记忆规定数量的单词并听写，但是很多学友很难在有限的时间内听写一次性过关，此时就需要师友在课下一对一督促并帮助他们重新听写，完成必须完成的任务。

（三）学友互助合作小组

常规班级一般是四十多人，通常会组建六个小组，一组六到八人，也就是每个小组有三到四对结对学友。由结对学友组成的这六个小组综合实力以及学友学习的积极性基本均衡。这些小组之间相互竞争，在每月的班级总结时，会产生三个优胜小组。根据班级学生的实际学情，也可以存在六个小组，每两个实力均衡的小组之间竞争的情况。

（四）小组评价

学生评价是课堂教学的一个重要组成部分，在学友互助学习策略中，我们简化了对组员进行一对一评价的模式，建立了捆绑式的动态评价机制：学友两人捆绑评价，以组为单位进行量化积分评价，评价积分组员共享，一月总结表彰一次。

第二节　学友小组组建与管理

一、两人学友组建原则

（一）学友结对遵循"互补互悦"原则

每一组学友结对都要遵循"互补互悦"的原则，即综合考虑学生的各种因素来进行学友结对，使结对学友之间在认知上相互补充，在情感上相互悦纳。

首先，结对学友在认知上相互补充。光谷七初标准班额定是 48 人，一般先把学生按照学业成绩划分为"两拨四层"。所谓"两拨"，按照学业成绩排序，一半学生为师友，一半学生为学友。所谓"四层"，即依据学业成绩排序把学生平均分为 ABCD 四个层次，按照 A-B、C-D 的组合方式进行学友结对。

其次，结对学友在感情上相互悦纳。最优的学友结对模式是，AB 两个层次的学生进行学友结对，但他们之间不分绝对的师友和学友。虽然总体学业水平有高低之分，但他们可以在优劣势学科上互补。例如，文科好的和理科好的A、B两个层次的学生进行学友结对，那么在学友合作学习的过程中，可以最大限度地调动学生学习的主观能动性，既被他人教也能教他人，培养学习效能感，真正成为学习的主人，避免学生因为长期是学友这一被帮扶的角色而产生自卑的心理。

（二）结对学友积极互赖原则

结对学友彼此心理上愿意进行学习互助，并且能够和谐相处。积极互赖是指学生认识到他们不仅要为自己的学习负责，而且还要为其学友的学习负责，同舟共济。学友两人的积极互赖主要包括三个方面。

（1）目标互赖。学友两人共同制订学习目标，一起完成。例如，学友可以共同定下下次大型考试两人总成绩在全年级正向进步 30 名的目标。这个目标的实现，需要学友两人互助学习。学友在师友的帮助下，能够掌握自己不会的知识点，而师友在互助学习的过程中，也不断巩固自己所学的知识，取得进步。

（2）奖励互赖。学友两人一荣俱荣，一辱俱辱。只有两人同时达到受表扬的要求，才能获得奖励。例如，学友两人虽然达成了总成绩进步 30 名的目标，是由师友退步 10 名，学友进步了 40 名得来的，没有完成两人都共同正向进步的目标，那么这对学友将不会获得奖励。再比如，在英语日常作业反馈中，教师要求师友听写正确率达到 90％，学友达到 50％才算合格，如果只有一方达到要求，两人都不能获得奖励。

（3）角色互赖。有师友才有学友，有学友才有师友，这两个角色是共同存在的，互相成就的，也是可以互换的。学友结对的两人不存在绝对的师友和学友，他们只是在总体学业水平上存在一定差异，但是具体到某个学科，两个人可以进行优势互补，所以在互助学习中，也可以存在学友辅导师友的情况。

二、小组的组建原则

如何组建小组，需要教师，尤其是班主任老师，对小组合作学习的内涵有充分且科学的认识，理解小组合作学习需要重视小组的组织构架。"组内异质、组间同质"的异质分组是目前主流的原则。这意味着一个成功运作的小组并不是所有的组员都非常优秀。在分组前，教师需要对班级的每一位学生的学业水平、学习习惯和态度、性格特点等，有充分的了解和掌握，才能在安排组次时能够做到均衡公平的最大化。因此，学友结对和小组的组建一般不适合在开学初期就开展。根据我们的实践经验，教师对新学生的全面了解一般需要2个月以上。只有在班主任基本全面地了解了班级每一个学生后完成的学友结对和小组组建，才能更加科学和规范地实施"学友互助"学习策略。如何组建公平竞争的小组，确保小组成员的构成合理化？这需要遵循以下四大原则。

（一）组员分配原则：根据学生学业水平和性格特点

（1）根据学生的学业水平，要确保每一个组都有A、B、C、D层次的学生，保证小组成员知识结构互补。教师将学生按照学业水平分类后，先让学生按照A与B、C与D结对的原则，自由结对成学友，再由老师进行统一进行组员分配。

（2）组员性格搭配要利于小组互动，具备发展空间。分组之前，教师需要经过长期观察，将学生性格分为"红、黄、蓝、绿"四种颜色类型。红色是热情洋溢、交际能力强的学生；蓝色是内心细腻敏感，情感丰富，表面却疏离冷淡的学生；黄色是果断坚强，原则性和责任心强的学生，但对细腻情感有些疏忽；绿色是温和宽容的学生，是最有耐心和爱心的倾听者。例如，有些学生即使学习基础薄弱，但性格是红色，因此课堂表现力好，爱积极举手发言，会给小组带来很多正积分，给这样的学生安排小组的时候一定不能只考虑他的学业水平。同样地，有些学业水平较高但性格是蓝色的学生，课上课下总是默默无闻，这种学生作为师友，要尽量安排一个红色性格的学友，这样性格互补才能更好地进行互助学习，为小组拿到积分。除以上两个最重要的因素外，分配组员时，还需要考虑学生的性别、学习态度、行为表现、发展潜力等多方面因素，将全班学生均衡分配到六个小组中。图3-1所示是班级一个学友结对小组的组员安排示例。

学业水平		组员特点	
C	D	C课堂活跃	D其他优点
A文科好	B理科好	A学习领先	B学习态度好
A理科好	B文科好	A有领导力	B性格文静
C	D	C学习态度好	D积极配合

图3-1　学友结对小组的组员安排示例

（二）组员确定原则：学生自愿与教师分配相结合

学友互助小组的组建由于需要考虑到的因素较多，尤其是学生性格搭配要合理，因此每个组的成员主要由教师确定，保证每个小组实力的均衡。同时，采用学生自愿搭配原则，可以促进组内成员之间的情感互动和意见交流与分享，获得组员的认同和信任，既为组内成员积极自主奠定了基础，也为组间开展公平竞争创造了条件。[①] 组员确定的具体操作步骤如下。

（1）教师将学生分为 A、B、C、D 四个层次后，要求学生自主进行 A、B 结对、C、D 结对。至于最终能否结对成学友，由教师决定。对于没有结对的学生，教师可以统一安排。在实践过程中我们发现，很多学生兼容性很大，对自己的师友或学友没有要求，学友结对主要还是由老师统一安排的。

（2）学友结对完成后，让每对学友列出想要跟谁一起组建小组，在符合一个小组有 2 对 A、B 学友，2 对 C、D 学友的前提下，教师优先安排双向选择的学友在一个小组，没有双向选择的学友则由教师统一安排，这样一来，小组构成既有自主性又有指导性。

（3）小组试运行一周，在这一周内，教师需要认真观察各个小组的表现。如果发现有些小组实力过强，可以对同层次的结对学友进行适当调整；或者因为学生的自主选择，彼此之间关系比较好，导致组内成员在一起讨论时，过于积极活跃，闲话较多，也要及时调整，这样才能保证学生在进行合作学习时，真正在充分利用时间互助讨论。

通过实践，我们建议，在学友互助学习策略实施的早期，最好是由教师统一安排学友结对和小组成员，学习效率较高。在班级学生真正清楚此学习策略的运作模式后，再赋予学生一定的自主选择权，以便带动学生互助学习的积极性。

（三）组员数量适宜原则

为了小组合作的效果更好，小组的组员数量要合宜，一般全班四十多人，可以八人一个小组，并保证组员是"六加二"的模式（具体小组人数还要结合学生的实际情况）。这里的"二"指的是两名组长：大组长和小组长；"六"指的是六名组员。因为平均一个小组会细分为两个四人的附属小组，大小组长一人管理一个附属小组，所以八人是最为科学的小组人数，这样能保证教师在组织教学时做到更加精细化。

（四）组员角色明确原则

分组时，要保证小组的每个组员都各司其职，各有所长。每组设大组长和

---

① 张冰洁. 课堂中合作小组学习问题及对策研究［D］. 南京：南京师范大学，2013.

小组长，综合实力强的大组长抓全组同学的学习和常规工作，小组长具体负责学科知识背诵、学习评价、作业收发和统计等工作。组内要有积极活跃表现的结对学友，有擅长理科的学生，也要有擅长文科的；有给小组在学友合作方面拿积分的主力，也有学习行为或态度上可能给小组积分拖后腿但其他方面有突出亮点的学生。

三、小组组长的选择

（1）确立好小组后，每小组要确定负责人：大组长（本组综合实力最强的学生）、小组长（负责组内的具体的学习开展）。

（2）选择组长的原则：要求被推荐人责任心强，并有较强的组织能力、协调能力。

（3）选择组长的办法：由老师推荐，或者由小组成员推荐选举产生，但班主任必须把好关。

（4）各负责人的职责：大组长全面负责本小组日常管理工作；小组长负责本小组学习任务的分配、合作交流的开展、学友展示人选的确定、日常学习知识点的背诵检查以及收集疑问和难点，汇总给课代表等日常学习工作。

四、学友小组座次安排

遵循公平、均衡、最大化合作的原则，班级学友小组座次安排要考虑到以下三点。

第一，每一个学友小组平均八个人，每两个小组前后相邻。要尽量做到每个小组不同层次的学生数量均衡，理想的安排是，每个小组分别有两组 A、B、C、D 层次的学生。

第二，班级座次排列以结对学友两人为同桌。座位排列上，要尽量做到让 A 能教 C、B 能教 D。

第三，在满足前面两点的基础上，同层次的学生要尽可能坐得近，可以前后相邻，也可以左右相邻，这样有利于让同层次的学生进行讨论，产生思想的碰撞，形成你追我赶的学习竞争氛围。

遵循以上原则，某班学友小组座次安排示例如图 3-2 所示。

D	C		C	D		D	C
A	B		B	A		A	B
A	B		B	A		A	B
D	C		C	D		D	C

D	C		C	D		D	C
A	B		B	A		A	B
A	B		B	A		A	B
D	C		C	D		D	C

图 3-2　某班学友小组座次安排示例

五、学友小组的管理

（一）建设小组文化

　　文化是共同的生活和价值观念所塑造的集体人格。这种集体人格包含约定俗成的价值观念和不约而同的行为方式，为集体中的成员提供精神给养，树立行为标准。积极良好的文化能使集体中的每个成员都精神振奋，具有强大的凝聚力和吸引力，能够无形中引导其中成员的发展。开展真正意义上的学友互助学习，需要一种氛围，需要结对学友在情感上相互悦纳，所有小组成员有团队认同感、归属感和合作意识，还需要建立一定的规范和评价机制。只有这样，才能形成有灵魂、有凝聚力、有秩序、有内驱力的学友互助小组，才能实现真正意义上的合作学习。①

　　在学友互助学习策略中，互助学习文化分为两个层次：结对学友之间共同进退、互利互惠的互助文化；结对学友所在小组成员间的小组合作文化。在结对学友之间，需要情感上相互悦纳，价值上对"互助学习，惠己及人"合作理念产生认同，学习行为上形成共同的规范与习惯。在学友互助小组中，需要营造浓厚的合作学习氛围，增强小组成员的凝聚力，培养他们的集体荣誉感。小组文化建设可以从以下三个方面实施。

1. 价值引领

　　运用学习金字塔原理（图 3-3），向学生讲明"学友互助、惠己及人"理念的含义和科学依据，让学生坚信用讨论和教别人的方式来学习，既有利于别人

---

　　① 艾杨杨 . 合作学习中小组合作文化建设研究［D］. 开封：河南大学，2015.

的学习，也有利于自己的提高，是一种双赢的学习方式；还可以请优秀的结对学友"现身说法"，用榜样的力量激励学生互助学习，让学生对"学友互助，惠己及人"的理念产生价值认同，将其内化为自己奉行的观念；各班级也可以围绕"学友互助、爱心班级"的主题，开展系列教育活动，在活动中体验"助人为乐"的积极情感。

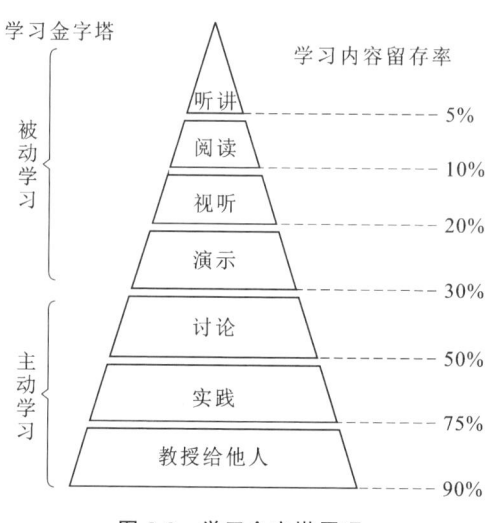

图 3-3　学习金字塔原理

2. 评价促进–量化积分制度

美国著名心理学家威廉詹姆斯研究发现，人类本性中最深刻的渴求就是受到赞美。通过班级和学校联动的加分奖励是学友互助学习模式融入课堂教学最有力的撒手锏，也让这种合作模式朝着我们设计的理想路线去发展。为了实现以评价促进行为转变，可以从三个方面对结对的学友进行捆绑式评价。

第一个方面，班级优秀学友评选。依据班级设置的小组量化积分制度，每月评选出三个优秀小组。每个优秀小组可以评选出两对优秀学友，非优秀小组评选出一对优秀学友。设置最佳学友合作奖并给予授奖名号（最默契奖、腾飞奖、最活跃等创意授奖名号），在班级月度表彰时，颁发相应的奖状并张贴在教室墙上，等到下一次月度表彰时再换上新的优秀学友合作荣誉奖状。这种量化积分评优模式具有很好的导向功能，无形中会对结对学友态度和行为产生导向作用，激发他们的学习热情和合作积极性，为荣誉而战。

第二个方面，学校共建评价机制。除了班级评优表彰之外，学校每月开展三个"十佳"（"十佳团结班级""十佳互助师友""十佳爱心教师"）评选活动，强化学校整体"学友互助学习"的理念和文化氛围。如果学校重视和推崇互助文化，这将成为持续引领学友互助进步的源头活水。

第三个方面，将学友合作的成果纳入评优评先的考核。优秀学生的名额往往较少，学生之间的竞争是非常激烈的。若需要从班级学业水平前六名的候选人里，评选出三名优秀学生，可以将"学友互助"纳入考核评价标准。不仅考核优秀学生本人，同时也要考核该优秀学生合作的学友在这段时间里学业水平以及各方面的综合进步表现。要注意的是，这里学友的进步情况可以作为评价的一个指标，但是所占的比例应该尽量小一点，避免打击师友的积极性。毕竟一个学生的进步，最重要的还是靠学生本人自发的努力。表 3-1 是班级优秀学生评选样表，候选人是六个人，因此每一项的满分设置成六分。在此考核标准中，虽然学友合作的成果仅占 10％，但是对于优秀学生来说，也是激励他们去帮助学友进步一个重要因素。

表 3-1　班级优秀学生评选样表

优秀学生评选表（每项满分 6 分）				
学生民主投票	学业水平	教师投票	学业进步	学友进步
20％	40％	20％	10％	10％

3. 任务驱动式分层教学

在班级里实施严格的分层教学，以任务驱动的方式，促进学友之间的合作，帮助基础较弱的学生完成具有一定难度的学习目标，可以培养他们的学习效能感。这种自我效能感能促进他们下一次更积极地开展学友互助学习。而师友也能够在学友一次次的进步中，体会到"互助学习，惠己及人"的快乐。以下以数学课、英语课为例，说明对学友实施分层教学的操作。

在数学课堂教学中，向一对 A、B 层次的结对学友实施分层教学。对于基础题，要求学友一起限时完成，师友的作业交给教师面批，且当面订正。在面对中档题时，教师事先要求必须由学友进行汇报解答，但是此难度的数学题仅靠学友一人又无法解答。此时师友可以在限时完成中档题后，批阅学友的中档题，并和学友合作探究中档题，协助学友订正。最后由教师抽问学友的中档题订正，核查是否掌握。这样的分层式任务教学，能够刺激优生带动后进生进步，能够帮助每一个层次的学生完成适合自己基础的学习任务，最终达到他们的最近发展区。当学友在师友的帮助下达到相应的学习目标后，他们就产生了学习的自我效能感，体会到学友互助学习模式给他们带来的帮助。又例如，英语这一学科经常会有单词听写，但很多时候学习基础较弱的学生很难在有限的时间内熟记单词。此时教师可以要求师友在一天内的课下时间里，督促并帮助学友单词听写过关，完成单词订正。在当天放学前，教师在每个组内开展学友合作任务总结，对一天中"完成学友合作学习任务"的师友，进行整体小组积分。

（二）建设小组文化的具体措施

教师在采用"学友互助"学习策略时，最后的评价都会计入小组量化积分，小组评价是学友互助学习策略重要的组成部分。因此，小组合作文化建设也是学友互助小组文化建设中非常重要的一部分。现代组织理论学者斯格特认为，组织的存在本质上是文化存在，文化是一种拥有——拥有相当稳定的想当然的假设、被分享的信仰、含义以及作为行为背景的价值观。合作文化是组织在实践活动中形成的合作规则、合作行为、合作意识、道德情感和价值观等一系列行为、形态和观念的总和。在教学中，小组合作文化是师生在合作活动中发展生成的一种相互信赖、相互分享、相互支援的组织文化。[①] 良好的小组合作文化能够无形中增强小组成员的认同感和归属感，帮助学生实现真正的合作学习，共同进步。为此我们可以采取以下策略和途径。

1. 树立共同的小组目标

共同的小组目标就如同学校文化一样，能够成为引领组员协同努力持续而稳定的动力。第一步，在小组组建的初期，在大组长的组织下，组内每对学友协商一致，达成切合自身的提高目标，并将目标贴在课桌醒目处警示自己。第二步，教师引导小组制订切实可行且全体成员认可的共同目标，提炼为一句口号或者标语（如"向日葵小组，迎着朝阳前进""绝不为小组抹黑""量化积分月度第一"等），张贴在班内"学苑栏"内，予以公布。

2. 制定科学的小组规范

小组制度约定了成员的权利与职责，规范了小组成员的言行举止，促进了小组成员之间的团结协作。学习共同体的课堂强调协作，强调培育"静悄悄"和润泽的课堂文化。目前普遍适用的小组规则有"组员发言时，其他组员应认真倾听，发言后补充、评价""讨论的声音要细微，不可干扰其他小组""遇到不懂的地方大方地向组员求助"等。小组规范是小组文化不可或缺的一部分，

---

① 刘火苟 . 小组合作学习成效的关键在于合作文化——基于义务教育阶段学习共同体的考察［J］. 福建基础教育研究，2020（10）：8-12.

它有助于增强成员合作行为的自觉性、自律性和主动性，有利于保障小组合作学习的顺利开展。

此外，小组的名称、徽标、口号等，也构成了具有个性化组织形态的标识文化，有助于增强组员的身份认同感和集体归属感。[①]

以下为小组制度规范积分细则示例。

（1）特色名称，加 1 分。小组名称是整个组员的名牌，可以将整个小组紧密联系在一起。

（2）明确目标，加 1 分。明确统一的小组目标指引着组员前进。

（3）认真聆听，加 3 分。倾听是互动交流的基础。别人发言时虚心倾听，做好笔记，积极思考，学会换位思考。

（4）荣辱与共，加 2 分。老师提出问题后，必须是学友二人都举手，才有资格回答问题。这样，就形成了师友必须教会学友的共识。

（5）共同展示，加 3～8 分。学友出来展示，师友讲解加 3 分，学友讲解加 5～8 分，以此促进师友必须教会学友去讲解，给予学友更多的发言机会，改变强势学生主导课堂的现象。

（6）质疑补充，加 1～2 分。当学友展示完毕后，组内学友可以就展示提出困惑或补充，如果有亮点就酌情加分。

（7）合作讨论，加 1 分。当老师布置完小组任务以后，若小组成员能够组织有序，快速进入状态，热烈讨论，则可以积分鼓励，表扬整个小组协调统一、团结合作。

（8）氛围融洽，加 1～3 分。小组内的互助学习氛围浓厚，小组内成员相处气氛融洽，小组成员之间展现出集体出荣誉感，都应该给予积分鼓励，促进小组合作文化的建设。

（9）集体前进，加 3 分。当整个小组所有成员都完成了相应的学习任务时，例如，全组所有组员英语听写都过关了，应给予集体奖励积分。这样的集体积分，可以促进组员互助合作，一起前进。

（10）干部带头，加 1 分。当小组大小组长起到了班干部的模范带头作用时，例如，快速组织组员进行讨论、主动规范组员的行为举止，应给予积分奖励。当老师看到了他们的管理，并给予表扬的时候，可以强化组长的带头模范行为，树立组长的责任意识，更好地管理他的小组，促进小组合作文化的建设。

---

① 刘火苟.小组合作学习成效的关键在于合作文化——基于义务教育阶段学习共同体的考察［J］.福建基础教育研究，2020（10）：8-12.

3. 完善小组评价机制

科学且完善的小组合作学习评价机制至关重要，它能激发组员的荣誉感，增强小组成员之间的凝聚力，不仅有利于促使学生奋发努力，同时还有利于学生取长补短，日益进步。总体上，小组评价采用小量化积分制度，将每个小组的表现记录下来，进行阶段性评比，以便增进小组合作。具体可以从以下三个角度出发完善小组评价机制。

（1）评价标准多维度。传统意义上对小组合作的评价，包括对学生的日常行为规范以及在活动中的情感、态度、能力进行评价，但学友互助学习策略下的小组评价范围应该比这些更广泛。在原有的评价基础上，它还扩充到对学友二人的合作行为的评价等。除此之外，学友互助学习策略下的小组评价模式，更加注重对学友学习的促进。比如，同样的问题，学友讲解会比师友讲解给小组带来更多的积分。若学友没有和师友共同完成规定的学习任务，仅有师友一方完成了，也要扣小组积分。与此同时，小组量化积分越高，组员被推选为优秀学生的概率越大。这样的评价方式使组内学友认识到小组是一个学习共同体，个人目标的实现必须依托小组目标的实现，从而防止出现个人英雄主义或小组歧视现象。

（2）评价人员多样化。教师在进行小组评价时可以通过教师评价、组内评价、组间评价等方式来不断提升小组合作评价方式的全面性、客观性以及公正性。[①] 在教师评价方面，教师可以设置两个班级记分员（方便核对分数记录是否有偏差），让他们每日记录小组积分增减情况，并且将小组的每日积分在教室的墙面上公布出来，便于每个组了解自己的积分情况。在组内评价方面，教师可以每周开展一次小组的自我总结会，让每个小组发现组内的问题并及时改正。比如小组发现积分落后，组内一起讨论，是加分少了还是扣分多了，具体是哪些组员没尽到维护小组荣誉的职责，并制订短期内的新目标。在组间评价方面，教师可在小组讨论后，要求小组总结发言，从反应速度、发言清晰度、声音大小、讲解清晰度、小组默契度五个维度评价。

（3）设立小组奖励。在小组量化积分实施一定时间后，要对小组的表现进行阶段性总结表彰，评选出表现优秀的小组和结对学友进行表彰奖励。这样总结表彰的频率可以是两周一次或者一月一次，时间不宜过长，容易打消学生的

---

① 张冬梅. 合作学习组织优化策略探究 [J]. 教育科学论坛，2009（6）：16-19.

积极性；也不宜太短，因为积分很快就会被清零，容易让学生产生侥幸或浮躁心理。奖励是否得当直接影响学生学习的积极性。光谷七初在进行小组奖励时，是一个月总结表彰一次，采取以精神鼓励为主、物质奖励为辅的方式。具体操作办法如下。

在每个月的最后一天进行积分清算，评选出50％的优胜小组，一般是选出三个优秀小组及优秀组长。这三个优秀小组内推选出两对优秀学友，非优秀小组各自评选出一对优秀学友。确定好表彰名单以后，则开展一节班会进行月度表彰。优秀的小组集体上台领取奖状和奖品（一般奖品选择便于组内分享的小零食或者学习文化用品），优秀小组的奖状则张贴在教室。

学友小组一旦组建，便进行起始积分量化，通过积分增量评价小组和小组里结对学友的综合表现，以月为单位进行阶段量化。合作学习的评价不仅仅要看学友合作的表现，更重要的是对整个小组进行整体性评价。具体实施时，就是每一对学友表现所得的加分减分，都直接计入他们所在小组的积分。这种捆绑式的评价主要目的是简化教师的评价方式，节省评价时间，并且评价到每一位学生，同时注重培养学生的团结意识和集体荣誉感。

4. 充分发挥教师的引导作用

教师在实施学友互助学习策略之前，需向学生解释学友结对和小组组建的策略，在组建小组时，充分尊重学生的意愿，在保证公正公平的前提下，组建的小组能够确保小组学友之间互相接纳，和睦相处。小组组建成功以后，每个小组都会有一个独立的发展方向，为了帮助每个小组能够积极向上发展，教师需要引导小组建设良好的小组合作文化，引导小组树立规范意识，让学生能够从心理层面认同自己的小组，为小组的荣誉而战。通过这种方法去培养学生的习惯，这种习惯也会使学生受益终身。所以，在小组合作文化建设中，教师的引导至关重要。教师需要从行为和心理两个层面对学生做出引导。

首先，在行为上，要鼓励小组成员积极进取，团结一致。初中生一般学习习惯差，注意力不够集中，喜欢表现自己，所以课堂上很难全身心参与小组讨论，这会导致组内学习氛围不够浓厚，组员之间联系比较松散。此时，教师需要充分发挥引导作用，在每节课前就需要将小组合作学习的任务具体分配到各个小组，以任务驱动的方式促使小组在课堂上合作讨论。在发现组内讨论出现问题时，教师应该及时出现，给予指导，比如告知讨论的重难点，协助组长分配学友的任务，决定进行课堂展示的发言人。当组内成员不团结，各自坚持自己的观点和行为时，教师应该引导组员之间积极协作，不以个人出风头为先，而要以集体荣誉为先。当有基础较为薄弱的学友主动想要回答问题时，师友应给予其表现的机会，也能为小组加更多的积分。此外，班主任应该在日常班会课上开展一些小组合作的活动和游戏，促进组员之间的交流合作，增强小组凝聚力。

其次，在思想上，教师应该引导小组成员正确看待量化积分，避免消极思想的影响。当小组成员过分在意小组积分，一旦出现积分落后，可能产生相互责备或者直接放弃竞争的想法。因此，在实施学友互助学习策略时，教师要关注各个小组之间的竞争状态。如果出现心态消极或者对于积分过分激进的小组，要及时跟该小组开会交流，帮助、开导组员，解决小组面临的问题。比如，有些小组因为学友安排而觉得小组实力不够强，想要更换落后的学友，此时教师应该立刻介入处理。教师可以先找积分相对落后的学友谈话，给他们重新表现的机会，然后与该组成员一起开会，引导小组正确归因，分析积分落后的原因，并提供相应的解决措施，避免出现组员之间相互指责的现象。为了避免组员看到积分较低而产生消极思想，甚至直接放弃小组竞争，教师可以在课堂上选择进行展示的学生时，给积分比较落后的小组学友更多表现的机会。

（三）实施小组动态管理

动态管理指的是随时观察学友合作的情况并及时进行微调，最终达到最佳的互助学习效果。也就是说，班级里的师友和学友身份不是绝对固定的，教师可以根据学生一段时间的学习状态或进退步情况，采用恰当的方式，对结对的学友身份进行调整，这也可以激励学生不断挑战自我，取得进步。动态管理主要包括以下方面。

（1）结合学生上课时的默契度和平时测试所反映出来的情况，对学友进行微调。在学期结束后，根据学业水平测试结果和学生一学期的表现重新划分学友。对于表现好、有进步的学友，可以调整让他当师友；而对一些表现不积极、学习态度不好或胜任不了师友角色的学生，可以调整他成为学友。

（2）有的结对学友因为性格、脾气不和产生摩擦，老师要做好其思想工作，选择继续互助合作，还是把他们分开，重新组合。

（3）动态管理时任课老师全权负责，班主任协助。学友结对不必千篇一律，可以根据不同学科的实际进行调整。但前提是只有组内学友配对可以在不同学科课堂上进行适当调整，因为这样才不会影响对整体小组的评价积分。

第三节　学友互助模式下的学习流程

系统论的原理告诉我们，结构决定功能。某一模式的功能目标，需要相应结构的学习活动来实现。所谓学习活动，就是为达成特定的学习目标，完成相应的学习任务而进行的系列操作行为的组合。这种"组合"即表现为一种结构，由首尾相连的若干个环节构成。

为了增强学友互助学习策略的普适性，我们以互助学习活动为单位，对初中语文、数学、英语、物理、化学、政治、历史、生物、地理等学科的典型课例的教学重难点进行了"切片分析"，通过分类提炼各学科课堂教学的共性活动，建构了学友互助学习模式的课堂。该模式下的课堂教学流程由两大步骤组成，第一个是学习任务分级，第二个是学友合作探究展示。

一、学习任务分级

（一）课前预习任务分级

预习是培养学生自学能力与自学习惯的重要途径，对于提高学生课堂参与的起点与深度有着重要的意义。为了更好地搭建学友互助学习模式的课堂，教师需要在课前布置相应的分级预习任务。根据不同的学科特点，不同层次的学生需要预习的任务不一样，总体需要遵循的原则是，学友预习熟悉基础性的知识，师友预习探究课堂的重点知识并帮助学友解答预习过程中遇到的疑难问题。

例如，数学这一科，学生手上最权威的书籍是教材，因此教材上的例题是最宝贵的学习资源。例题过程讲解详细，学生有自主学习能力，能够靠自学教材例题，完成简单的基础知识点学习，并且也能学习答题过程的规范。在一节数学新课前，教师要求师友自主预习数学课本的例题，并完成对应的练习，学友须掌握基本概念、基本方法，并向师友提出一两个问题。再比如英语学科，在一节阅读课的预习阶段，可以给师友布置文章主旨理解和文章细节理解的题目；而对于学友，则要求他们圈出生词或词组并写上注释，无法理解的生词请教师友，还要求他们能自主画出文章的主旨句，或者在师友的帮助下理解文章的主旨。这样的课前预习任务分层，可以让班级的所有结对学友参与到课前预习中来，为课中教学做好准备。除了学友合作预习外，教师还可要求小组长收集疑问和难点，汇总给课代表，课代表再把各小组的疑问和难点归纳汇总交给学科教师，便于教师课前了解学情，进行二次备课。

（二）课中学习任务分级

随着素质教育改革的进一步发展，"因材施教"的呼声越来越高。在面对一个学业水平参差不齐的班级时，教师只有实施分层教学，才能帮助学生达到自己的最近发展区，实现真正的教育公平。学友互助模式下的课堂，实施分层的途径就是学习任务分级，遵守的原则就是将特定难度的任务直接分配给相应基础的学生，要求他们必须作答，无法完成该学习任务将导致组内扣分。其他基础的学生可以在特定学生解答后进行补充，原则上鼓励学友补充，最后选师友补充。下面将以一节英语习题课为例，阐述实施学习任务分级的步骤。

（1）教师需要先备课，预设好课堂需要学生完成的三级任务：简单题、中档题、拔高题，以便在课中将任务更好地分配给不同层次的学生。

（2）教师在上课前两分钟，在黑板上板书需要学生解决的问题，并告知每个小组需要回答的问题数量，一般是平均分配。如 12 道题，6 个小组，那么一个小组需要回答 2 个问题。

（3）教师在黑板上板书，将题号分配给每个小组并公布需要哪个层次的学生进行回答。如一共需要解答 12 道英语单词填空题，那么就需要每组 2 对学友进行展示。由于题目比较简单，则要求每对学友里 C 或 D 层次的学生进行回答。板书示例如下：T1—2（6 组），T3—4（4 组）；展示学生为 C/D。这里需要格外注意的是，分配小组任务和公布展示人选要适时，可以在学生讨论了 3 分钟左右时在黑板上板书出来，过早会导致其他同学学习探究的压力减小，只讨论需要他们展示的部分问题；过晚会导致展示的同学准备不足，影响展示效果。

二、学友合作探究展示

（一）独立学习

在教师布置学习任务后，学友各自按要求进行自学，完成独立的学习任务。如果是新授课，则学友需要课前先独立完成导学案上的预习内容；如果是习题讲解课，则需要学友先自行订正错题，在作业上留下订正痕迹。

（二）互助探究

正式上课时，先组织学习小组交流 3~5 分钟，讨论需要解决的问题。一个小组内的 4 对学友在讨论过程中，要求先由学友向师友主动汇报自学情况，展示解决问题的方法，特别是解决问题的策略以及寻找过程，再由师友对学友进行指导，可以是提问、讲解、示范。学友在此基础上对自学的内容进行自我强化，内化师友所讲的内容。

（三）确定组内展示人选

由大组长和小组长分别推选小组里需要进行展示的学友，并帮助他们打磨需要展示的内容，形成一个统一的意见。形成统一意见的过程，也正是学生形成正确认识并积极体验情感的过程。如果意见不统一，则要求在小组内进行交流、共同研究，达成共识，直到没有异议为止。

（四）学友互助展示

在完成互助探究任务后，学友小组向全班展示学习成果。学友展示时，要求师友和学友全部站起来，先由学友汇报发言，再由师友进行评价与补充。站起来展示的学友的观点或解题思路是代表结对学友两人的共同意见，也代表小组全体成员的意见，而不仅仅是发言人自己的观点。另外，在这一过程中，若组内其他学友对发言学友的内容有补充，可以随时站起来补充。这里需要注意的是，由于学生学段不同，课堂积极性也会不一样。一般学段越低的学生，上课自愿举手发言的积极性越高。而且我们在实践中发现，实施学友互助学习策略会很大程度上提高学生课堂上举手发言的积极性，因此教师在选择举手发言的学生时，需要遵循以下四个原则。

（1）优先指定学生。例如，教师事先将问题指定给了第一小组 C 层次的学生来进行展示，此时若组内有其他层次的学生举手，也仍应该优先让 C 层次的学生发言。这是为了尊重学生的劳动成果，因为教师已经事先分配了任务，被指定的学生已经做了准备，那么就应该让他展示，这样做可以避免打击学生的学习积极性。

（2）先学友再师友。在指定学生发言结束以后或指定学生没能回答出问题以后，若有其他学生举手，那么优先让学友发言，再给师友机会，并且学友收到的积分表扬可以由结对学友两人共享，计入小组积分。师友答对给予口头表扬，但不给予小组量化积分表扬（除非是课堂里的特别难的拔高题，师友答对了才会给予小组积分奖励）。这一优先顺序是为了促进师友带动学友完成学习任务，而不是只顾着自己一个人的课堂表现。

（3）同质学生先组内再组外。在不同小组里，同层次的学生都举手发言时，教师要优先选组内的学生发言。例如，分配给第一小组解答的问题，若第一小组 A 层次和第二小组 A 层次的学生都想回答，那教师应该选择第一小组的学生回答，这样做是为了增强小组凝聚力，培养他们的集体荣誉感，促进所有层次的学生参与讨论，不忽视任何一个梯度的任务。

（4）鼓励学业水平较低或者课堂活跃度低的学友发言。当教师抛出一个问题，有很多层次的学生举手时，教师要优先挑选学业水平较低的学友回答，因为即使学友回答不正确，还有他的师友可以帮助补充解答，这样能够很好地促进学友合作，真正达到学友之间"互助互惠"的目的。优先选择课堂活跃度低、学习积极性不够高的学生发言，不仅是鼓励他们积极参与课堂，提高课堂效率，也是为了赞赏和保护他们战胜胆怯、选择表现自己的勇气。这样的发言优先顺序，对学生无论是学业水平上，还是人格成长上，都有较大的促进和激励作用。

在指定的学友展示结束，师友补充以后，若有遗漏或者表述不清楚的地方，教师需要对知识点进行进一步讲评（优点是效率高，有利于把握深度、广度和准确度，较全面；缺点是学生会产生依赖心理，印象不深刻），也可继续邀请学生补充讲解（优点是锻炼学生，使其有成就感，有助于调动学生课下学习探究的积极性；缺点是不易控制，可能深度、广度及准确度把握不到位，对教师的组织能力、应变能力要求较高）。时间允许的情况下，最好是邀请其他学友补充讲解，其结对的师友可以继续补充，必要时，教师再有侧重点地进行点拨和讲解。

在学友展示环节，师友对学友的展示只进行一个简单的评价，如"很好、很积极、表达很清楚"等。在课堂的尾声，还需要 1～3 分钟，进行学友互助评价。它指的是学友对彼此在互助学习中的学习方法、学习态度、学习习惯等多个维度进行评价打分，明确学习的得失，领悟学习的要义。这样的一个学友互评总结，能够形成一次学友互助模式下课堂学习的闭环：自主预习，互助预习，互助探究，互助展示，互助评价。这样的闭环可以帮助学友总结课堂所学重点，反思自己是否掌握透彻，及时发现彼此的问题，并督促对方改正。正如曾子在《大戴礼记·曾子立事》中所言："君子攻其恶，求其过，强其所不能，去私欲，从事于义，可谓学矣。"同时，这样的课堂互助评价，也是学友之间的一次正式交流机会，帮助他们通过交流更好地维系学友互助关系。这样的互助评价既可以口头完成，也可以由学友打分共同完成，表 3-2 为互助评价表。

表 3-2 互助评价表

学科		结对学友姓名：	评价及打分 （满分 10 分）	
维度	课堂活动及感受		师友	学友
学习习惯	课前准备做得怎么样？			
	是否主动地探究、积极思考、深入探询？			
	对教师的言行是否有所思考和感受？			
	是否及时记录重点内容？			
课堂参与	参与课堂是否积极、认真？			
	课堂学习兴趣是否浓厚？			
	课堂讨论时，能否对不同的观点大胆质疑，提出意见？			
学习能力	听课时，注意力是否集中？			
	在学习中能否形成自己的见解并有效表达自己的观点？			
	学习中，能否应用已经掌握的知识与技能，分析、完成稍高于自己水平的学习任务？			
	学友互助学习中，能否有意识地与对方合作、交流，并在合作过程中关注对方的意见和感受？			
优点与建议				

第四节　实践成效

　　学友互助学习策略是新课程改革倡导的学习方式之一。通过光谷七初的实践，我们发现学友互助给课堂教学带来了生机与活力。从教学的实践可以看到：小组合作学习有利于培养学困生的协作精神及交往能力。在课堂上，原来不爱发言的孩子，在师友的帮助和督促下，争先恐后地举手发言，为小组的荣誉而战，这部分学生在得到组员帮助后取得了明显的进步。学习习惯较好的师友不会因为课堂任务简单而虚度课堂时间，相反，因为他们有更重要的任务——帮助自己的学友解决基础的问题，他们也通过自己的课堂输出，强化了自己的学科基础，大大减少了因为不够熟练而导致的基础题失误。在这种学习模式下，各个层次的学生都能积极参与课堂，在课堂中找到自己的成就感。因此，在学友互助学习模式实施较为成功的班级，学生的学习效果在年级里遥遥领先。在日常生活中，实施学友互助学习模式的班级学生，也表现出更强的集体荣誉感，班级日常管理更加有条不紊。

在今后，我们将不断实践和探索，以期进一步提高学友互助学习策略的有效性和实操性，不断提升我们的教育教学质量，朝着新课改素质教育的目标迈进。

以下附三个学友互助模式的案例。

 案例 1：八年级英语

在八年级某班，以八年级下 Unit 9 Section B 一节课堂实录为例，依托难易两个版本的导学案，采用学友互助学习方式新授一节阅读课。在平行班，由于学生英语学习分化比较严重，能看懂阅读文本的师友上课容易跟上课堂节奏，而看不懂文本的学友可能从一开始就没办法参与课堂，特别容易直接放弃。采用两个版本的导学案，能够在一定程度上给学友降低阅读难度。通过精心设计，任务难度较低的导学案能够引导学友看懂文本的关键信息；同时在讨论过程中，师友也可借助学友导学案上的内容，进一步纠正自己的答案。

一、教学准备

在一节新授课上实施学友互助学习方式之前，首先应进行学友结对并分好学友互助小组。其次，对于同样的阅读任务，教师应采用不同的问题设计方式，设计出两个版本的导学案。A、B 层次的师友使用 A 版导学案（难），C、D 层次的学友使用 B 版导学案（易）。

二、课前自学环节

1. 英汉互译

（1）数以千计的、许许多多的＿＿＿＿＿＿

（2）度假＿＿＿＿＿＿

（3）safe＿＿＿＿＿＿

（4）四分之三 _____

（5）在白天 _____

（6）人口 _____

（7）全年 _____

（8）一方面……另一方面…… _____

（9）tourist _____

（10）whether…or… _____

2. 预习课文并上网查阅新加坡的相关资料，包括位置、气候、历史、人口组成、别称等。

学友各自独立完成以上预习作业后，由师友课前检查学友的完成度并帮助学友订正。在课堂开始时，教师随机指定学友进行预习作业展示。由于是基础型任务，没有答对问题的学友要扣他所在小组的积分。

三、课中研学环节

1. Warm up

（1）Do you like traveling?

（2）Let's enjoy a video about Singapore. Would you like to travel to Singapore?

2. Pre-reading

Read the title and picture to make some predictions.

此任务为开放性问题，较为简单，可指定由 C 层次的学友自愿举手回答，学友主动举手回答问题，只要答案合理，就给小组加分。

3. While-reading

【Activity 1】

Match the main idea of each paragraph.

Para. 1	different food
Para. 2	a special zoo
Para. 3	weather and temperature
Para. 4	location and language

此任务难度适中，需要学生运用相关阅读技巧找出段落主旨句，理解段落大意，因此教师可以在学生自主阅读以后，给出一分钟的讨论时间，要求学友之间核对答案，并且在文章中找出相应的主旨句。此任务所有学生都可以举手回答，但是加分的要求不同：对于 A、B 层次的学生，需要

追问学生，每段主题句的中文含义，回答对了才能加分；对于 C 层次的学生，举手回答问题，若答案正确，并能正确读出主题句，则可加分；对于 D 层次的学生，只要答案正确即可加分。

【Activity 2：Read Para. 1】

师友的 A 版导学案如下。

Q1：Is Singapore an island，a city or a country?

Q2：Where is Singapore?

Q3：Can we speak Chinese there? Why?

Q4：What is the official language（官方语言）in Singapore?

学友的 B 版导学案如下。

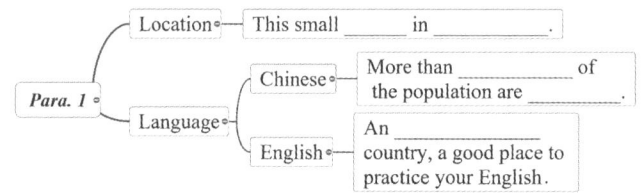

【Activity 3：Read Para. 2】

师友的 A 版导学案如下。

Q1：If you're used to eating Chinese food，will you have any problems with the food in Singapore?

Q2：Can we have a chance to try new food there? Why?

学友的 B 版导学案如下。

What kind of food can we eat in Singapore?

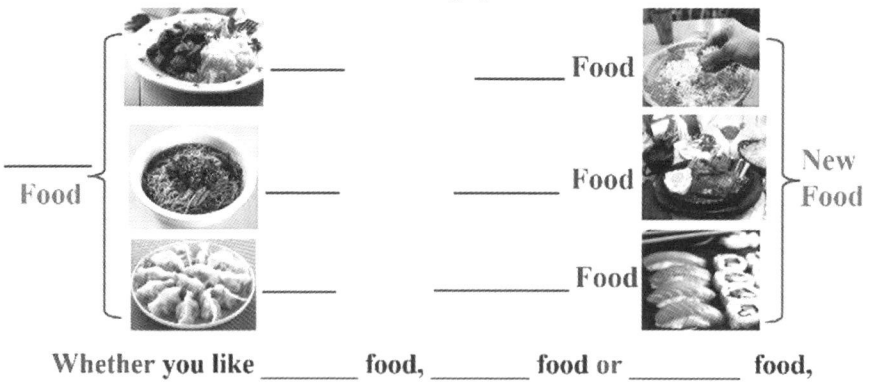

Whether you like _____ food, _____ food or _____ food, you will find it all in Singapore.

【Activity 4：Read Para. 3 and find out】

师友的 A 版导学案如下。

Why is the Night Safari a special place to visit?

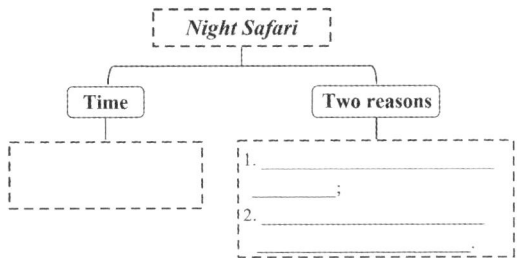

学友的 B 版导学案如下。

Why is the Night Safari a special place（特别的地方）to visit?

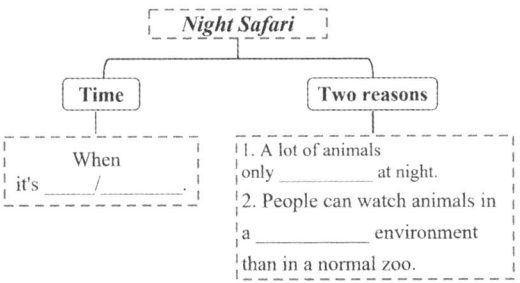

【Activity 5：Read Para. 4 and answer 1 question】

师友的 A 版导学案如下。

When is the best time to go to Singapore and why?

学友的 B 版导学案如下。

Q1：When is the best time to go to Singapore?

A. spring and autumn　　　　B. summer

C. winter　　　　　　　　　D. whenever you like

Q2：Why can you travel to Singapore all year round?

Because the island is so close to the _____, the temperature is almost the same _____.

4. Post-reading

【Activity 6：Summary】

师友的 A 版导学案如下。

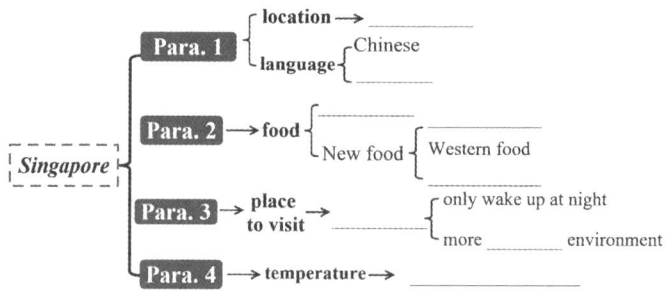

学友的 B 版导学案如下。

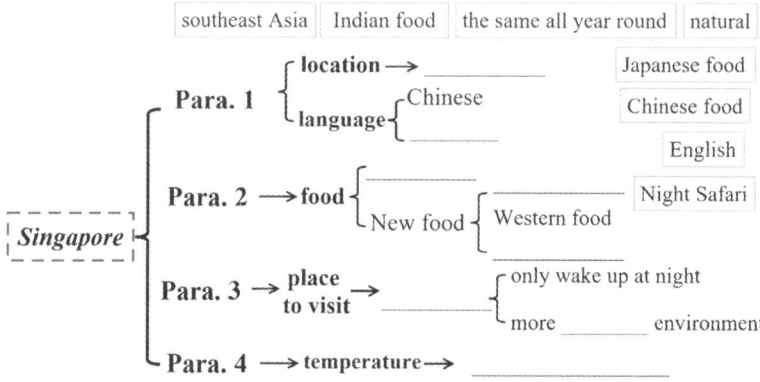

　　以上任务难度偏大，需要学生理解段落细节，读懂段落含义，最终理解全文，做出总结。课堂上，以上所有任务先要求学生独立在导学案上完成，然后学友二人讨论，最后合作展示。学友直接给出问题答案，师友补充细节，讲解答案在文中的出处。这样设计出的 A、B 版导学案，能够将同样的阅读任务分层次布置下去。学友拿到简单版的导学案以后，可以先独立思考，避免一开始就依赖师友，而师友也可能需要从学友的导学案上找到问题答案的提示。这样的导学案设计，可以有效促进学友与师友在新授课上进行课堂讨论。

 案例 2：九年级化学

　　在平行班应用学友互助学习方式新授一节化学课，需要教师在执教前做好充分的备课准备，巧妙设计课堂学习任务，难度不断升级，发言的学生层次由低到高，最后小组合作展示。以"质量守恒定律的应用——微观示意图"一节课堂实录为例，说明学友互助学习方式在初中化学课堂中的应用。

一、课前自学

1. 知识点一：质量守恒定律

定义：参加_____的各物质的_____等于反应后生成的各物质的_____。这个规律叫作质量守恒定律。一切_____变化都遵循质量守恒定律。

2. 知识点二：化学反应"质量守恒"的微观原因

从微观角度分析：化学反应的实质就是参加化学反应的各物质（反应物）的原子重新组合而生成其他物质（生成物）的过程。在化学反应前后原子的_____没有改变，原子的_____没有增减，原子的_____也没有改变，所以化学反应前后各物质的_____必然相等。

3. 知识点三：化学变化反应前后的变与不变

	一定不变	一定改变	可能改变
宏观			
微观			

4. 知识点四：化学方程式的意义

（1）宏观：_____

（2）微观：粒子个数比＝_____

（3）质量：物质质量比＝_____

学友各自独立完成以上预习作业后，由师友在上课前检查学友的完成度并帮助学友订正。在课堂开始时，教师随机指定学友进行预习作业展示。由于是基础型任务，没有答对问题的学友要扣他所在小组的积分。

二、课中研学

1. 辨析质量守恒定律的微观示意图并完成以下例题及练习

先独立思考3分钟后，学友与师友进行讨论，5分钟后，从两组中随机抽出两对学友上台讲解示意图。

例1：下图是某反应的微观示意图（相对原子质量：C-12　N-14　O-16）。

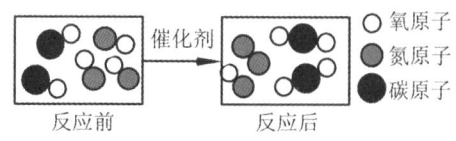

（1）图中的反应物的化学式是_____、_____，生成物的化学式是_____、_____，反应条件是_____。

（2）该反应的化学方程式是_____。

（3）参加反应的 和  的分子个数比是_____，质量比是____=_____（写出具体计算过程）。

练习1：下图是镁在点燃条件下发生化学反应的微观示意图（相对原子质量：C-12　O-16　Mg-24）。

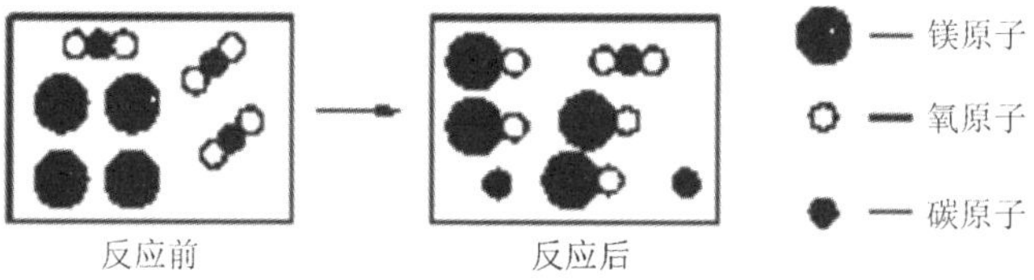

（1）图中反应物的化学式是_____、_____；生成物的化学式是_____、_____，反应条件是_____。

（2）该反应的化学方程式是_____。

（3）反应生成的两种物质的质量比是_____。

例2：科学家最新发现，通过简单的化学反应，可以将树木纤维素转变成超级储能装置，其中一个反应的微观过程如下图，请根据图示回答问题（相对原子质量：H-1　C-12　N-14）。

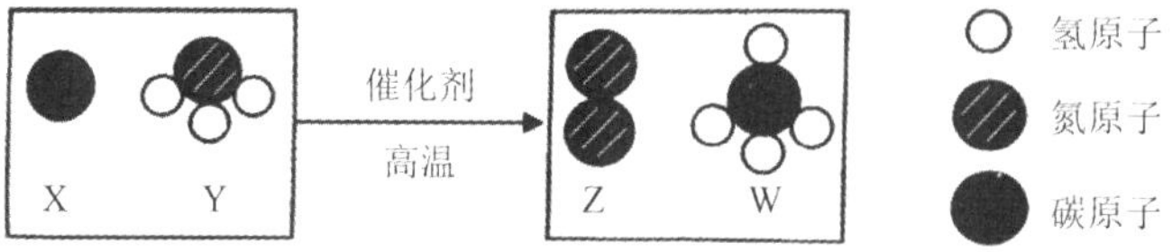

（1）W的化学式为_____；Y中氮元素的化合价是_____。

（2）该反应的化学方程式是_____。

（3）该反应中，Z和W的分子个数比是_____，质量比为_____。

方法总结：

勇攀高峰

例3：一定质量的甲与 9.0g 乙恰好完全反应生成丙和丁，乙和丙的相对分子质量之比为 15：14。相关物质的部分信息如下表所示（●表示氧原子、🔷表示氢原子、○表示 X 原子）（相对原子质量：H-1　N-14　O-16）。

物质	甲	乙	丙	丁
分子微观示意图	(图)	——	(图)	(图)
参加反应的分子个数	4a	6a	5a	6a

(1) 甲乙丙丁的化学计量数之比是＿＿＿＿＿＿＿。

(2) 甲的化学式＿＿＿＿＿＿＿；丙的化学式＿＿＿＿＿＿＿；丁的化学式＿＿＿＿＿＿＿。

(3) 元素 X 的相对原子质量是＿＿＿＿＿＿＿。

(4) 该反应的化学方程式是＿＿＿＿＿＿＿。

(5) 该反应中生成的丙和丁的质量比为＿＿＿＿＿＿＿。

学友独立完成 (1)(2)，师友批改，教师讲解，之后以小组为单位，完成后续题目，教师随机抽选三组学友进行展示。

2. 小试牛刀（相对原子质量：H-1　C-12　O-16　S-32　Cl-35.5）

📝 开心达标

1. 下图为某化学反应微观示意图，图中"●"表示硫原子，"○"表示氧原子。下列说法错误的是（　　）。

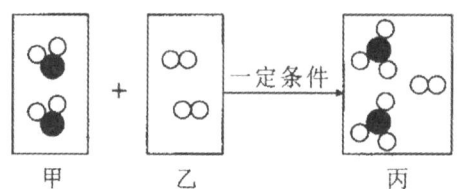

甲　　　乙　　　　　丙

A. 该反应的基本反应类型为化合反应

B. 参加反应的分子个数比为 1∶1

C. 反应前后，原子种类不变

D. 参加反应的甲和乙的质量比为 4∶1

2. 以 CO_2 和 H_2 为原料合成 C_2H_4 是综合利用二氧化碳、实现"碳中和"的研究热点。相关反应的微观示意图如下所示。

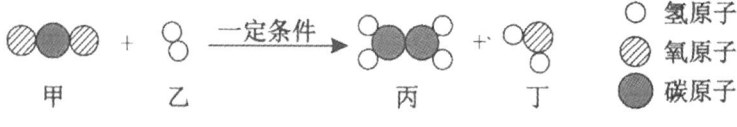

甲　　　乙　　　一定条件　　　丙　　　丁

○ 氢原子
▨ 氧原子
● 碳原子

（1）甲的化学式为_____。

（2）该反应的化学方程式是_____。

（3）该反应中，参加反应的甲和乙的质量比是_____。
生成的丙和丁的分子个数比是_____。

先独立思考，师友完成后，批改学友的答案并对其进行指导。教师随机抽取两组学友进行展示，要求学友发言，师友补充。此任务优先 C、D 层次的学友回答。

📝 能力提升

3. 中国计划在 2060 年实现"碳中和"，彰显了大国担当。资源化利用 CO_2 是实现"碳中和"的重要途径。如图是 CO_2 转化为甲醇（CH_3OH）的微观示意图，请回答：

（1）该反应前后共有_____种化合物。

（2）该反应的化学方程式为_____。

（3）参加反应的 CO_2、H_2 质量比为_____（填最简整数比）。

（4）该反应中发生变化的粒子是_____（填"分子"或"原子"）。

先独立思考，师友完成后，批改学友的答案并对其进行指导。教师随机抽取两组学友进行展示，要求学友发言，师友补充。此任务优先 B、C 层次的学友回答。

勇攀高峰

4. 氯代烃在内燃机中燃烧会生成氯化氢等气体。某氯代烃甲（化学式为 $C_xH_yCl_z$）和氧气在密闭容器中反应生成氯化氢和 17.6g 二氧化碳。反应前后物质的种类和分子数目如下表所示。

物质	甲	氧气	氯化氢	二氧化碳
反应前分子数目	a	$3a$	0	0
反应后分子数目	0	a	$3a$	na

（1）甲、氧气、氯化氢的化学计量数之比是_____。

$C_xH_yCl_z+$_____O_2 ＝ _____$HCl+$_____CO_2

（2）该氯代烃甲具体的化学式是_____。

（3）该反应的化学方程式是_____；

生成的氯化氢的质量是_____。

先独立思考，然后小组讨论答案并确定小组发言的师友代表。教师随机抽取两个小组里的师友回答问题，并给予其他小组补充解答的机会。答错不扣分，答对加分。

案例3：八年级物理

在八年级平行班新授一节物理课：认识杠杆并了解相关知识。整体学习任务较为基础，在本案例中，教师采用学友互助学习方式，将大部分展示机会指定给学友，鼓励学友积极参与课堂。师友则需要在学友进行展示前，在讨论中帮助学友准确理解知识点，以便学友能够更好地进行展示。

一、课前自学

1. 力的三要素：＿＿＿＿＿＿＿＿＿＿＿＿＿＿。

2. 力的作用效果：＿＿＿＿＿＿＿＿＿＿ 和 ＿＿＿＿＿＿＿＿＿＿＿＿。

此课前自学内容较为基础，学生可以课前独立看课本掌握。上课时，教师可以随机指定 C、D 层次学友回答。由于是基础型任务，没有答对问题的学友要扣他所在小组的积分。

二、课中研学

【课堂任务 1：认识杠杆】难度：★★

（一）活动一：请同学帮忙用裁纸刀裁纸，认真观察使用这个工具的过程

设问 1：刚才同学对裁纸刀施加了力，这个力的作用效果是什么？

设问 2：裁纸刀的运动有什么特点？

杠杆：一根硬棒，在力的作用下能绕固定点 O 转动，这根硬棒就是杠杆。

独立思考，优先 C 层次的学友回答。

（二）活动二：出示生活中利用杠杆的例子，判断是否是杠杆，并指出固定点

独立思考后，直接指定学友回答。

思考讨论：杠杆的外观一定是直的吗？杠杆的材质是硬一些好还是软一些好？（使学生对杠杆的外形和材质有正确的认识）

（三）活动三：请同学说一说生活中还有哪些杠杆

先独立思考，学友互助讨论后，每个小组推选学友代表交流。

【课堂任务 2：知道杠杆的五要素】难度：★★★

（一）活动一：自主阅读课本 P77，完成下面填空

支点 O：＿＿＿＿＿＿＿＿＿＿＿＿＿＿＿

动力 F_1：＿＿＿＿＿＿＿＿＿＿＿＿＿＿＿

阻力 F_2：＿＿＿＿＿＿＿＿＿＿＿＿＿＿＿

动力臂 L_1：＿＿＿＿＿＿＿＿＿＿＿＿＿＿＿

阻力臂 L_2：＿＿＿＿＿＿＿＿＿＿＿＿＿＿＿

独立完成，学友回答。

（二）活动二：在下图中找出这五个要素

思考：如何找力臂。

参考答案：过支点 O 作力的作用线的垂线。

学友互助讨论，合作展示。

（三）当堂评估

如图，OB 是以 O 点为支点的杠杆，F 是作用在杠杆 B 端的力。图中线段 AB 与力 F 的作用线在一条直线上，且 $OA \perp AB$，则力 F 的力臂是（　　　）。

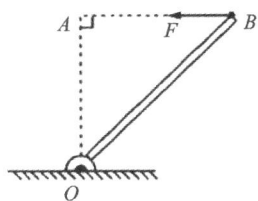

A. 线段 OA

B. 线段 AB

C. 线段 OB

D. 以上都不是

独立完成，学友合作展示，学友发言小组加分，师友发言不加分。

【课堂任务 3：学会画力臂】难度：★★★★

以下图为例，画出动力臂和阻力臂，并总结力臂的画法。

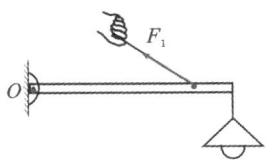

画力臂的方法：

独立完成，学友互助并讨论交流作图方法，每组派代表发言，优先学友发言。

（一）活动一：画简单杠杆中的力臂

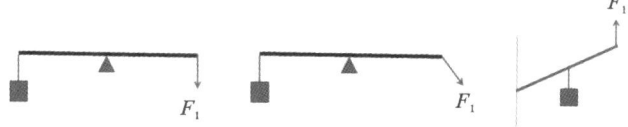

独立完成，师友批改学友的答案并对其进行指导。

（二）活动二：思考并回答下列问题

1. 力臂一定在杠杆上吗？

2. 支点一定在杠杆中间吗？

3. 若一力作用在杠杆上，力的作用点不变，但力的作用方向改变，力臂是否改变？

独立思考，学友互助讨论，师友指导学友。

（三）当堂评估：画简单杠杆中的力臂

独立完成，师友批改学友的答案，讨论后教师随机抽查学友。

（四）活动三：画实物杠杆中的力臂

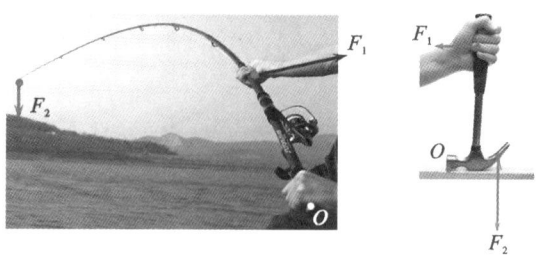

独立完成后，学友互助，各组派代表展示。要求学友作图，师友讲解知识点。

三、课堂小结

写出本节课你学到的知识、掌握的技能、得出的感悟。

教师随机指定学友回答，优先选择 D 层次的学友，其次 C 层次的学友。若回答不清楚，其对应的师友进行补充。学友回答的小组加 2 分，回答一般加 1 分，师友补充不加分。

第四章　作业设计变革——"双限"作业

第一节　"双限"作业的内涵与特征

"双限"是"限制各科作业时长"和"限制各科作业提交时间"的简称，"双限"作业要求限制学科作业内容，在限定时间内完成并在规定的时间节点提交作业。"双限"作业改革通过统筹和协调各个学科的作业时间达到控制学生作业总量的目的，我们又把这种统筹作业总量的"双限"作业制度称为"作业总量控制制度"。光谷七初的"双限"作业制度并非凭空而来，而是基于目前的国家政策导向、发展中学校的办学困境以及师生目前所共同面对的教学困境，在详细分析了作业问卷调查数据的基础之上，经过周密策划才应运而生的。

一、"双减"的国家政策导向与课后延时服务

2021 年 7 月，中共中央办公厅、国务院办公厅印发《关于进一步减轻义务教育阶段学生作业负担和校外培训负担的意见》，提出全面压减作业总量和时长，减轻学生过重作业负担。一方面，作业是巩固所学知识和检测学习效果最直接、最有效的途径；另一方面，学校需要减轻学生学业负担，提升作业质量，实现减负增效。为了促使"双减"政策的落地，中小学学生作业的研究与管理已成为基础教育改革的热点话题。在此政策背景下，如何真正做到控制学

生作业总量，提升作业质量，保证学生睡眠时间？这是值得我们每个教育者思考的问题。

课后延时服务是指在学生课后、放学后提供的一种延时照顾服务，通常由学校、托管机构或社区组织提供，旨在为学生提供一个安全和有益的环境，延长学生在学校的课后陪伴时间。在延时服务的时间内，学校应该怎样安排服务内容，以促进学生学习生活的平衡和身心协调发展，是每个学校应当仔细考量的问题。

二、发展中学校的办学困境

光谷七初中 90％的学生来自拆迁的农民家庭，大部分家庭的物质生活逐渐变好，家长们一方面期待孩子接受好的教育，另一方面因自身文化水平、精力能力有限而难以履行教育职责。虽然地处经济高速发展的光谷，但光谷七初仍是一所发展中学校，教师队伍年龄结构整体偏大，教育理念和教学技能有待提升。随着学校的不断发展，大量年轻教师的加入，他们的教育观念形成和实战技能培养需求迫切。"双减"政策所倡导的高质量陪伴、家长示范、高效课堂、分层作业对光谷七初的家长和老师来说都是莫大的挑战，短时间内很难主动适应。

三、师生共同面对的教学困境

受传统教育理念的影响，光谷七初的老师普遍勤奋敬业，将提升学生成绩作为价值追求，笃信"时间汗水出成绩"。老师上课时通常会为了应对考试而一味推进教学进度，认为多讲是传授知识最快最好的途径，将讲台变成一言堂，未能充分发挥学生的主体作用。学生只能被动卷入，缺乏独立思考的时间和空间，难以吸收和内化知识。而学生知识掌握程度不理想的情况，又迫使老师投入更多时间去讲解示范，如此循环，从而导致老师的"教"和学生的"学"都陷入效率较低的"勤奋陷阱"之中。

四、作业问卷调研的启示

为解决作业负担过重问题，光谷七初于 2022 学年进行了多轮关于作业的详细调研，分年级分班级组织学生完成了调查问卷，旨在找出学生心中有关作业的困惑以及理想的作业模式。表 4-1 所列是光谷七初八年级作业的问卷调研结果。

表 4-1 光谷七初八年级作业的问卷调研结果

第1题：你所在的班级？（单选题）

选项	小计	比例	
801 班	0		0%
802 班	0		0%
803 班	38		19%
804 班	41		20.5%
805 班	41		20.5%
806 班	0		0%
807 班	39		19.5%
808 班	41		20.5%
本题有效填写人次	200		

第2题：你每天在学校能完成作业总量的多少？（单选题）

选项	小计	比例	
A. 少于30%	52		26%
B. 30%～50%	75		37.5%
C. 50%～70%	52		26%
D. 70%～90%	21		10.5%
E. 能全部在学校完成	0		0%
本题有效填写人次	200		

第 3 题：你每天在家做完作业后的时间是？（单选题）

选项	小计	比例	
A. 晚上 8：00－9：00	42		21%
B. 晚上 9：00－10：00	78		39%
C. 晚上 10：00－11：00	64		32%
D. 晚上 11 点以后	16		8%
本题有效填写人次	200		

第 4 题：你感觉哪个学科作业最多？（多选题）

选项	小计	比例	
语文	66		33%
数学	106		53%
英语	138		69%
物理	17		8.5%
历史	12		6%
道德与法治	10		5%
本题有效填写人次	200		

第 5 题：你平时抄袭作业吗？（单选题）

选项	小计	比例	
A. 从不抄袭作业	111		55.5%
B. 偶尔抄袭	83		41.5%
C. 经常抄袭	3		1.5%

续表

选项	小计	比例
D. 每天都抄袭	3	1.5%
本题有效填写人次	200	

第 6 题：你每天上交的作业有多少是抄袭完成的？（请务必真实填写此道题，学校需要调研到真实情况，切实解决学生作业多、作业难完成的问题，绝对不批评任何人）（单选题）

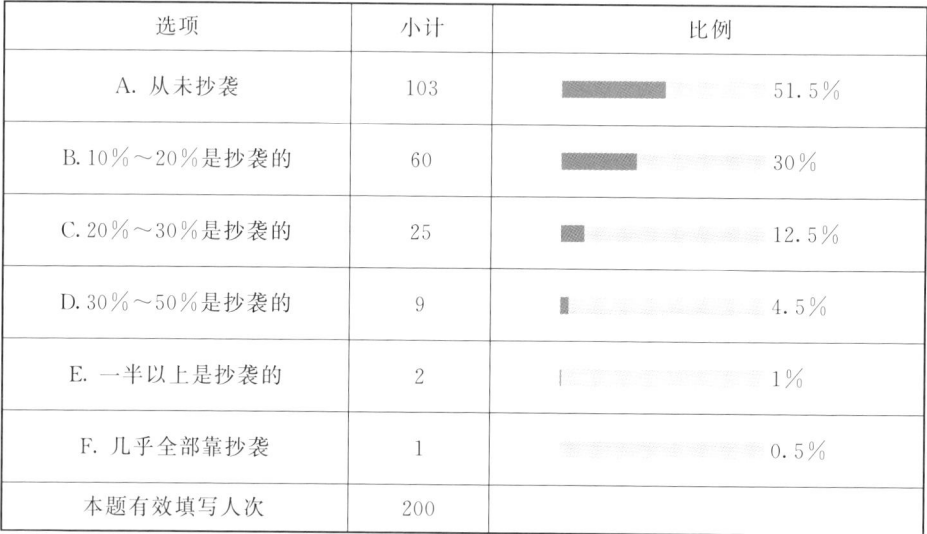

选项	小计	比例
A. 从未抄袭	103	51.5%
B. 10%～20%是抄袭的	60	30%
C. 20%～30%是抄袭的	25	12.5%
D. 30%～50%是抄袭的	9	4.5%
E. 一半以上是抄袭的	2	1%
F. 几乎全部靠抄袭	1	0.5%
本题有效填写人次	200	

第 7 题：你更愿意在家里做作业还是在学校做作业？（单选题）

选项	小计	比例
A. 家里	60	30%
B. 学校	140	70%
本题有效填写人次	200	

第 8 题：每天中午的时间，你更愿意用于自己做作业还是老师讲课？（单选题）

选项	小计	比例
A. 更愿意用于自己做作业	172	86%

续表

选项	小计	比例
B. 更愿意老师讲课	28	▬ 14%
本题有效填写人次	200	

第9题：请你从各学科老师布置的作业的数量、难度适合度、与上课内容的匹配度、是否及时评讲等表现，对各科老师布置作业的质量综合评分，最高分为5分，最低分为0分。（矩阵单选题）

题目＼选项	0	1	2	3	4	5
语文	4 (2%)	10 (5%)	34 (17%)	40 (20%)	35 (17.5%)	77 (38.5%)
数学	3 (1.5%)	11 (5.5%)	23 (11.5%)	39 (19.5%)	54 (27%)	70 (35%)
英语	9 (4.5%)	15 (7.5%)	23 (11.5%)	39 (19.5%)	34 (17%)	80 (40%)
物理	2 (1%)	12 (6%)	32 (16%)	39 (19.5%)	35 (17.5%)	80 (40%)
历史	4 (2%)	22 (11%)	36 (18%)	31 (15.5%)	25 (12.5%)	82 (41%)
道德与法治	4 (2%)	23 (11.5%)	36 (18%)	25 (12.5%)	24 (12%)	88 (44%)

第10题：家长能督促你完成家庭作业吗？（单选题）

选项	小计	比例
A. 每天都能督促我做作业	97	▬▬▬ 48.5%
B. 每天都督促我，但督促无效	9	▪ 4.5%
C. 家长想督促，但没时间	79	▬▬ 39.5%
D. 家长完全不管我做作业	15	▪ 7.5%
本题有效填写人次	200	

调研结果中除了作业负担过重的问题,还有两项数据引起了我们的注意。一是作业真实性问题,全校所有年级有高达 68％的学生表示每天都有抄袭作业行为。二是作业环境选择问题,全校有 83％的学生表示愿意在学校做作业。我们进行成因分析后发现,由于家长的监管不力和家庭环境的嘈杂,学生难以抵制各种诱惑,在家做作业的专注度较低,作业效率低下,再加上老师布置的作业量太大,不少学生甚至选择抄袭作业以确保任务的完成。事实上,根据老师们的日常反馈可知,学生课后完成的家庭作业往往有如下特点:没有认真思考,有时甚至瞎写;抄袭现象较为严重,没有做题痕迹;磨蹭拖拉效率低下,学习习惯有待改进。

基于以上背景,我校通过综合考虑作业环境、作业效率、作业总量、作业时间这几种因素,梳理它们之间的逻辑关系,同时充分利用"延时服务政策"的契机,提出了"双限"作业管理思路,旨在将大部分课后作业和家庭作业逐渐转变为在校内完成的限时作业。

第二节　"双限"制度下的作业设计

"双限"作业是对学生学习效果的检测,让学生在校内时间集中完成对当天所学大部分知识的巩固,实现家庭作业减量甚至是无家庭作业。在"双减"的大背景下,落实"双限"作业管理旨在切实减轻学生负担,减轻家长焦虑心理,实现"轻书包回家",同时促进学生养成认真有序完成作业的良好习惯,尽量呈现真实、有效甚至是高效的作业。在此基础上,老师们能根据真实的作业反馈情况进行补偿性的讲解,有利于精准地帮助学生巩固知识、查漏补缺。

为了尊重学生个性差异,让每个层次的学生都有所收获,我校在"双限"作业管理制度的框架下,研究了分层作业设计的策略。

一、作业设计的现状

通过阅读大量文献和观察校内教学情况,我们发现我校的作业设计存在以下问题。

从内容来看,作业设计呈现"一刀切",不能平衡学生的需求。现阶段的教育教学中，很多教师虽然意识到分层作业的重要性，但是在实际布置作业的时候，依然存在很多不合理的现象，分层作业没有得到应有的重视。部分教师过分关注某一个层次的学生水平，导致不同层次的学生的作业内容差距不大甚至无差距，仍然会"一刀切"地要求学生在限定时间内完成同样的规定内容，期望达到统一的目标。"一刀切"拘泥于形式的统一，作业内容不丰富，不利于发散学生的思维和开阔其视野，影响学生的个性化发展。

从形式来看，作业设计单一枯燥，影响了学生的学习兴趣。比如语文和英语等文科作业以抄写、背诵、记忆为主，数学作业以计算、几何题等书面形式作业为主，形式固化、类型单一，无法有不同的作业体验，长此以往，学生的热情被消耗，势必会影响学生的学习兴趣和探索的求知欲，影响作业育人功能的发挥。

从难易度来看，作业设计差别不大、难度类似，无法适应发展能力不同的学生的思考探究。

从评价来看，作业设计缺乏有效的、差异性的评价，无法体现分层作业的效果。即使作业经过精心设计，学生耐心完成，但教师的评价形式较为单一，以口头评价和分数评价为主，主要着眼于完成的量和质，较少注重生成性评价，缺少实效性和育人价值。

有一部分教师虽然实施了作业分层，但通常是简单地根据作业难度分层，随意发布几层作业，而未能基于不同学生的能力层次，进行作业难度与学生的能力的匹配，为学生选择合适的作业。不精准匹配的作业，容易出现能力偏差或者落空的培养，不利于学生学科素养的提升。

二、作业分层设计

分层作业是指教师在布置作业时，设计出适合班级里不同学生各自学业水平的作业，最终通过这种练习达到良好的学习效果。[①] 分层作业设计需要教师基于学生的层次水平，根据课程标准和教学内容的要求，精选具有代表性、典型性和启发性的题目，布置有利于学生理解和巩固所学知识，激活思维，培养创新能力的作业。分层作业不是简单地以"量"分层，关键在于作业的"质"，以课标导向为前提，适当做减法，提高作业的效度。

---

① 陈欣悦，许俊翠，丁俊月．国内初中化学作业设计研究现状——基于 CNKI 数据库中学术期刊和学位论文的分析 [J]．化学教与学（下半月），2022（11）：6-10.

（一）"双限"作业管理制度下的分层作业

"双限"作业管理制度下的分层作业对作业优化程度要求更高，是基于"双限"要求设计的。教师在设计作业前需要充分了解学情，充分尊重学生的差异性，将要求掌握的内容难度分层，与不同学业水平的学生进行匹配后，设计有意义的、难度层级化的限时作业，增加学生对作业的选择性。"双限"作业的层级主要分基础型、探究型、综合型，让学生在有限时间内巩固基础，并进行适当的思维训练，同时梳理、反思问题并有针对性地查漏补缺。

为了更有效地匹配限时作业，教师可在选题时详细研究题目，布置作业前先试做，对难度、完成时间进行评估。

"双限"作业分层设计主要包含以下要素：重构知识体系、了解学生认知层次和设置任务难度。

首先，知识体系结构是分层作业设计的基础。设计分层作业前，教师应认真研读新课标，吃透教材的立意本质，针对某一课时或者某一单元的内容，根据新课标要求掌握的知识方法和技能进行梳理，把知识按照不同类别、不同层次以及前后联系等标准进行分类和归纳，重新构建知识的任务层级和逻辑关系，形成递阶式的知识体系，帮助学生在有限时间内完成作业的同时构建知识网络。

其次，学生认知层次是落实分层作业的关键。认知层次是指学生在完成学习任务时所需要具备的认知能力，包括知识理解、应用能力、分析能力、综合能力和创新能力等。[①] 通过课堂上学生的表现力、作业反馈的学习力以及与学生沟通而得的理解力等渠道，教师可以初步了解学生的认知水平，一次次的限时作业折射出来的认知层次也为分层作业设计调试提供了方向。

最后，教师根据学生的认知水平以及新课程标准和教学内容的要求，设置合适的任务难度（任务难度是指任务所包含的知识难度、认知难度、操作难度等综合因素[②]），通过递进式的任务驱动，让每个学生能在有限时间内有所收获。

以下案例是数学组 F 老师的"双限"作业分层设计案例。

---

① 蔡琴."双减"背景下初中数学作业分层设计的实践策略［J］.教育视野，2023（13）：7.

② 蔡琴."双减"背景下初中数学作业分层设计的实践策略［J］.教育视野，2023（13）：7.

数学"双限"作业分层设计

以人教版数学八年级下册第十九章中"正比例函数的概念"的作业设计为例，为帮助学生达成对正比例函数形式认知的作业目标，教师设计了判断正比例函数、求简单实际问题的解析式的基础型作业，如：

1. 下列函数中，正比例函数是（   ）。

A. $y=\dfrac{4}{x}$ B. $y=\dfrac{x}{4}$

C. $y=x+4$ D. $y=x^{2}$

2. 下列函数不是正比例函数的是（   ）。

A. $y=2x$ B. $y=-4x$

C. $y=-6x$ D. $y=-6x+5$

3. 写出下列各题中 x 与 y 的关系式，并判断 y 是不是 x 的正比例函数。

（1）电报收费标准是每个字 0.1 元，电报费 y（元）与字数 x（个）之间的函数关系。

（2）地面气温是 $28\ ℃$，如果每升高 $1\ \text{km}$，气温下降 $6\ ℃$，那么气温 y（℃）与升高的高度 x（km）的函数关系。

4. 已知 y 与 x 成正比，且 $x=2$ 时，$y=6$，求这个函数关系式，并求当 $x=4$ 时 y 的值。

为了帮助学生达成理解正比例函数概念的作业目标，加深对正比例函数的形式，以及比例系数 $k\neq0$ 和自变量 x 的指数为1的深入理解，教师设计了已知正比例函数求参数的探究型作业。如：

1. 若关于 x 的函数 $y=x+k-1$ 是正比例函数，则 k 的值是（   ）。

A. 1   B. -1

C. 0   D. ±1

2. 已知关于 x 的函数 $y=(k-1)x+b-2$ 是正比例函数，则（   ）。

A. $k=1$，$b=2$ B. $k\neq1$，$b=-2$

C. $k\neq1$，$b=2$ D. $k\neq-1$，$b=-2$

3. 已知 $y=(k-3)x+k^{2}-9$ 是关于 x 的正比例函数，求当 $x=-4$ 时，y 的值。

4. 当 m 为何值时，函数 $y=(m-2)x^{|m|}-1$ 是关于 x 的正比例函数？

为了帮助学生达成灵活运用正比例函数概念的作业目标，教师设计了两个代数式成正比求解析式的综合型作业，让学生体会其整体思想。如：

1. 下列说法中不成立的是（　　）。

A. 在 $y=2(x+1)$ 中 y 与 $x+1$ 成正比例

B. 在 $y=-0.5x$ 中 y 与 x 成正比例

C. 在 $y=3x-1$ 中 $y+1$ 与 x 成正比例

D. 在 $y=x+3$ 中 y 与 x 成正比例

2. 已知 $y-5$ 与 $3x-4$ 成正比例关系，并且当 $x=1$ 时，$y=2$；

（1）写出 y 与 x 之间的函数关系式；

（2）当 $x=-2$ 时，求 y 的值；

（3）当 $y=-2$ 时，求 x 的值。

布置作业时，教师要引导学生建立良好的作业秩序、遵守纪律、提前准备文具、合理分配规划时间等前置心理准备，养成仔细读题审题、独立思考、书写规范、认真检查、先易后难的做题策略等习惯，以保证全体学生在限定时间内都完成作业，获得应有的能力发展。

（二）"双限"作业分层原则

1. 合理性原则

所谓合理性原则，是指教师所设计的分层作业必须符合新课程标准对作业设计的基本要求，满足"双减"政策对作业设计的重要指示，同时还要符合每个层次学生的认知特点、学习能力等。① 教师要"依标设计"，在设计作业前，认真研究新课程标准，以核心素养为导向，设计出体现学科本质的作业。教师要秉承"减负增质"的观念，作业设计以"减量降负、提质增效"为目标，把学校的"双限"作业管理制度吃透，把时间还给学生，使其自主学习，既要减少书面作业数量，又要提高书面作业质量，设计出符合学生年龄特点、遵循学习规律、体现素质教育导向性的作业。

2. 差异性原则

所谓差异性原则，是指教师所设计的分层作业应满足不同认知水平和能力

---

① 邹春蕾."双减"背景下初中数学作业分层优化设计研究策略［J］. 教改前沿，2023（11）：114-116.

水平的学生的需求,在作业目标、作业内容、作业难度、作业形式等方面有所不同。分层作业设计的基础是学生能力的差异。孔子曾说过:"生而知之者,上也;学而知之者,次也;困而学之,又其次也;困而不学,民斯为下矣。"孔子将学习者分为几类,充分注意到了他们的层次与差异,从而才能实现因材施教。传统的"一刀切"作业设计忽视了学生不同的基础水平和个性发展,不能很好地实现学生通过作业强化对所学知识的掌握这一目的。教师在设计作业时,应遵循因材施教的教育思想,按照学生的认知能力水平进行分层设计。光谷七初结合自身的课堂模式,将作业设计为基础型作业、探究型作业和综合型作业三个梯度,面向全体,同时兼顾差异。例如,本校英语老师的作业设计通常包括落实基础、应用实践和迁移创新三种不同的作业任务。具体可参考本节末尾所附的完整案例。

3. 灵活性原则

所谓灵活性原则,是指教师所设计的分层作业需要根据学生接受新知的能力、学习进度、学习兴趣等维度进行及时的调整变化。具体而言,就是根据作业反馈情况,教师应合理地规划调整作业进度,认真分析学生没有掌握的薄弱点和突出问题,并适当增加专项指导作业以进行强化训练,确保学生弄懂后再学习新的内容;而针对部分已经掌握同层次作业的学生,则可以鼓励其尝试更高层次的作业,实现能力的拔高训练。

同时,根据学生的学习热情变化,教师可以多样化地设计作业,除了书面作业,还可以是口头作业、合作作业、学科整合作业、实践作业等,作业形式灵活多样,使学生愿做、乐做、会做。教师在设计分层作业时,应灵活机动,充分发挥其在作业设计的主导地位,体现学生在作业时的主体地位。

4. 实践性原则

所谓实践性原则,是指教师所设计的分层作业需要基于新课程标准要求的体现学科特色、尊重教育教学规律、切合学生的生活实际,将学科知识与日常生活相联系,设计出具备生活情景的作业,引导学生通过观察生活现实抽象出理论问题,通过分析解决问题,培养学科素养的同时,增加生活体验感。"双减"政策提出减负增效的目标,教师在设计分层作业时,可以很好地解决传统作业重理论轻实践的突出问题,遵循实践性原则设计实践性作业,帮助学生更加全面地去理解掌握所学知识,将所学知识运用于生活中,去解决实际问题。"双限"作业管理制度下的在校限时作业,可能只是一些理论作业,课后或者周末巩固作业可以布置实践作业来加深理解。比如,物理、化学具有实验操作这一特点,教师们可以布置通过生活素材去操作实验，观察物理现象、化学现象，把整个操作过程拍成视频作为实践作业。遵循实践性原则的实践性作业将生活与实践相结合，增加了趣味性，同时能更好地培养学生的学习能力和学科综合素养。

三、作业分层设计的具体做法

为了进一步提升教学质量，我校要求各学科组和备课组反思过去作业设计的内容和形式，分析低效、无效作业的形成原因及危害，形成新的作业设计理念。这要求教师们重新审视传统的作业设计模式，从学生的学习需求和兴趣出发，设计出更符合学生实际、更具针对性的作业，通过基于"双限"要求而设计的分层作业实现因材施教、学生收获最大化。同时，研究拓展作业设计的内容和形式，增加作业的多样性和趣味性，激发学生的学习兴趣和动力。

（一）确定明确的作业目标

鉴于学生和知识的差异性，设置科学的分层作业目标是有效落实分层作业的起步抓手和方向导航，它的重要性不言而喻。作业设计应当充分考虑所在单元以及课时的教学目标，结合学生的实际情况，设置出面向全体和兼顾个体差异的分层作业目标，并在此基础上设计出分层任务。例如，在七年级语文的一份限时作业中，基础型作业选取的是课文中重点的、易错的生字词，要求通过辨析这些重点词语的字音、字形来巩固学生对生字词读音和字形的掌握。拔高型作业是语篇拓展阅读和仿写，是为了提升学生的语文理解能力和应用能力。又如，在复习备考期间数学组的一份限时作业中，作业内容分为基础、中档、提升三个部分。基础题来自课本，包括导学案上的课前预习检测，作业目标是全部掌握落实；中档题来自课本中的综合运用、拓展探索，以及教师自主编制的题目，作业目标是能深入理解并讲解；提升型题目来自教师编制的各个区期中、期末的测试中的压轴题训练，作业目标是能够成功解题并举一反三。以下为英语组某作业设计案例的节选，体现了分层作业设计的目标导向原则。

 人教版 go for it 八年级《英语》（下册）"Unit2 Could you help to clean up the city parks?" Section B Reading 作业设计

一、设计综述
本单元属于"人与自然"这一主题，涉及话题为援助与关爱。在"双减"以及本校"双限"作业管理的大背景下，本单元作业设计应从学生的实际情况出发，在巩固和梳理课堂知识的基础上，加深和拓宽课本知识的内涵与外延，让学生在应用实践的过程中提升语言能力和思维品质，并通过具体情境下的开放式学习任务，助力学生实现知识的迁移创新。每课时的作业任务应重点关注作业品质、严格控制作业时间，力图真正实现"减负增效"。

二、单元目标

本单元教学目标是帮助学生习得如何正确使用情态动词表达建议，学习动词不定式结构并培养学生为他人提供帮助和服务的意识。本人所执教的 801 班、804 班均为基础薄弱的班级，学生基础参差不齐，跨度较大，因此教师不仅要设计帮助学困生落实核心知识的学习理解类任务、帮助中等生提升能力的应用实践类任务，还应设置有利于提高优生水平的迁移创新类任务，让不同层次的学生都能学有所获。

三、课时目标

Unit2 Section B Reading 是 Ben Smith 写给 Miss Li 的一封感谢信。本课时的教学目标如下。

（1）语言能力：掌握以下词汇和短语：disabled　blind　death imagine　difficult　open　door　carry　train　mean　excited　training kindness　clever　understand　change　set up　make a difference

（2）学习能力：整体阅读并能找出描述各角色的形容词，培养学生快速阅读、寻找有效信息的能力。

（3）思维品质：建构思维导图，启迪学生思维，培养联想力和创造力。

（4）文化意识：培养学生对他人表示同情和关爱、乐于助人的价值取向。

基于以上分析，确定了本课时的作业目标：旨在帮助学生落实核心语言知识（包括关键词汇以及其派生词汇）；完成对大阅读的梳理和复述，内化课本所学词汇、短语、句式和行文方式；同时创设一个贴近其日常生活的语境，让他们应用所积累的语言素材写一封志愿者工作的申请信，即通过学习理解、应用实践、迁移创新等一系列环环相扣、逐步进阶的作业任务，帮助学生夯实基础、提升能力，形成乐于助人的价值取向。

四、课时作业

（略）

（二）设计适切的作业内容

枯燥单一的作业内容难以保持学生的学习兴趣，也不能延伸自主学习的进程，容易导致学生的消极心态和厌学心理。基于科学化的分层目标，为不同层次的学生设计个性化作业，为每个学生带去最大的服务效益，是教师们在设计分层作业内容时必须考虑的因素。设计丰富且有质量的作业内容是作业设计的基础。以下是设计适当的作业内容的具体做法。

第一，教师基于学情需要，根据新课标要求与教材内容，设计具有梯度的作业内容，满足不同能力层次的学生。具体而言，一方面，教师们设计作业内容时要立足教材，设计与教材紧密相连的基础作业内容，引导学生端正对源于教材的基本学习的态度；另一方面，教师们又要充分研究新课标，挖掘教材深层次内涵，丰富补充作业内容，引导学生对较难的学习内容持开放式态度。比如，我们在学习人教版初中数学第十四章整式乘法中的完全平方公式时，对于基础层次的学生，只需要学会根据公式特点，运用公式进行简单的整式乘法的计算；对于综合理解能力较强的学生，教师可对其提出更高的要求，布置拓展性题目，如基于几何背景通过面积法进行公式推断，便于加深对公式的理解，又如平方差公式和完全平分公式的综合运用，包括两式的和、两式的差、两式的乘积，知二求一等。第二，教师要随时根据学生的掌握情况调整作业进度、灵活安排补偿性内容，以便查漏补缺，同时加强分层作业指导，旨在帮助每个层次的学生都能及时发现自己的问题并做改进。比如学生们某一次双限作业的反馈情况不好，对某个或者某些知识点理解不通时，教师就需要暂缓教学进度，根据学生目前的作业状况调整安排，对每个层次的学生设计专项性质的作业来弥补短板。

总之，设计适切的作业内容，能够确保分层作业的质量，帮助学生突破学习瓶颈，助力学生个性化发展。

（三）提供多样的作业形式

传统的作业分层设计形式固化、类型单一，而单一的作业形式已经不能满足当前新课标理念，不能适应新中考变化，抑制了学生的学习兴趣，学生的学习热情和求知欲望得不到有效的激发。我校致力于丰富作业形态，增加作业趣味性，充分发挥学生的兴趣特长，因此倡导各备课组围绕作业设计开展项目式教研，系统推进作业布置"优、精、准"，明确提出创新作业设计要求和建议，促进作业质量的提升。以下列举的几种形式是各个备课组经过实践总结的一些优秀作业形式，可用于除必做基础类作业外的选做作业形式，允许所有学生选择不同主题或不同呈现方式，也允许不同层次的学生选择不同主题或不同作业形式。灵活有趣的作业分层形式充分考虑了学生的层次差异性，让每个学生都有所选、有所获。

1. 以文本的形式写出来

俗话说,"好记性不如烂笔头",作业形式大部分是书面文本,这是巩固知识的常用途径;新课标也是更加强调阅读和写作的重要性,扎实的阅读功底和写作能力有助于良好的语言表达能力和逻辑思维能力的形成。同时,以输出倒逼输入,可以让学生系统地了解某一主题的相关知识,总结提炼并以文字或图片的形式展示出来,这对于提升学生的深度思考能力和综合应用能力大有裨益。因此,基于阅读写作的培养目标,除了平常的抄题完成作业的书面形式外,可以给出开放性题目以文本的形式写出来,这样的作业不限于文科类的学科命题写作,理科的作业也可以以给出命题提问的形式让学生完成,让学生制作 PPT 呈现作业。比如数学作业的选做题目可以让学生自行选择喜欢的数学家进行介绍,通过 PPT 详细解读数学家的历史事迹,充分理解题目并以文本形式写出来。

2. 以语音的形式讲出来

美国理论物理学家理查德·费曼提出了"费曼学习法",其核心理念是通过将所学知识以简明易懂的方式向别人解释,可以加深自己对知识的理解与记忆,因此,讲题能极大地帮助学生内化知识。另外,即使只是为了节约作业时间、提高作业效率,语音说题或者讲题的形式也是非常值得尝试的。语音说题或讲题是指学生通过已有的知识储备对某一题或者某一类题进行题干分析、切入口找寻、思路分析,以寻求解决方法,并把解决方法逐一讲出来。从题目的解读到思路的分析再到问题的解决,能力层次较强的学生甚至连题目的立意方向也能说得清清楚楚。整个思维过程的呈现,有利于教师全面掌握学生的学习情况,并给出有针对性的建议。比如理科类的分层作业,同学们可以选择不同题目,通过说思路或讲过程的方式呈现出来。这种讲题的方式形式新颖,不仅能让学生感兴趣,还能节约时间,事半功倍。

3. 以图形的形式画出来

此种作业是指学生们可以根据所学知识、所查资料等储备素材将作业以图画的形式呈现出来,是一种比较直观、独特、有趣的作业形式。比如语文作业中对某一篇文章的作者的剖析、人物关系的梳理,有时遇到人物关系复杂的情况,就可以将各种人物剪裁,再有序地粘贴在作业纸上进行关联梳理,这样可以节约大量的时间;物理、化学作业中画出某一个实验过程、实验步骤、实验现象,历史作业中对某段历史事件的分析等。学生在完成各科作业的时候是不限制主题选择的，可根据自己的知识基础用自己喜欢的绘画的形式呈现。学生对独特有趣的形式非常好奇，在此过程中可以深入巩固和内化所学知识，自主扩大知识范围，有助于培养其自主学习意识。

4. 以诗歌的形式唱出来

诗歌唱作业是指学生们以诗歌、顺口溜的形式把作业呈现出来，往往是针对比较抽象、难以理解的内容，这种方式有利于减轻学生的理解负担，确保学生的学习信心。比如语文作业中比较长或者有韵味的诗歌，学生可以通过"唱诗歌"的形式加强记忆；数学中比较难以理解的知识点也可以运用顺口溜帮助记忆。比如，学生在运用完全平方公式计算整式乘法时，可以记一记顺口溜"首平方，尾平方，首尾的2倍放中央"；对于初步接触化学的初中生，背诵元素周期表是一大难点，教师可以让学生学唱《元素周期表之歌》，化学方程式左右配平也会成为学生的易错题，其根本原因在于对化合价不熟，可以让学生跟唱《化合价之歌》。以诗歌或者顺口溜的形式把作业唱出来，学生能在轻松愉悦的环境中突破学习难点，突破畏难的心理障碍，乐于接受、敢于尝试，激发学生的学习兴趣。

5. 以实验的形式做出来

新课标一直提倡教师应重视学生的实验操作能力，我们可以布置实验类作业，这类作业直观且富有趣味性，可以从根源上培养学生的发现力、思维力、动手力。物理、化学是以实验为基础的自然学科，学生通过做实验可以发现、观察很多有趣的现象；对于数学，教师也可以尝试布置操作性作业，比如在探究等腰三角形的性质时，可以引导学生通过折纸剪纸的简单操作，分别探究等腰三角形的边、角等维度，发现等腰三角形的性质。以实验操作的形式把作业做出来，思考性的操作代替了大量的机械文字作业，学生能快乐地进行自主探究、摸索发现，最后形成知识，可谓是玩中做、做中学，有利于培养学生的探究能力。

6. 以话剧的形式演出来

表现欲是人类的基本欲望之一，是个性突出、有生命力的表现，是个人实现和展示自我价值的积极意念。[①] 运用青春期学生爱表现的特点，我们可以提

---

① 周广．刍议"以退为进"在化学教学中的运用 [J]．化学教与学，2024（10）：72，83.

供展示的机会和平台，让学生以话剧的形式把作业演出来。英语大阅读对于很多学生来说难以理解记忆，如果教师布置以小组为单位把作业演出来，引导学生尝试用剧本把词句进行分解，允许学生根据需求适当增减剧情、用动作进行补充说明，这样学生在情境表演中能体验感知，突破理解困境，加深对文章的理解。又比如学生初步接触化学反应，由于对金属元素的活性理解不透，理解置换反应变成了难点，教师可以布置合作性作业，引导学生以话剧的形式去表演置换反应的过程，直观明了地展示过程，加深学生对知识的理解。以话剧的形式把作业演出来，学生能通过别具一格的作业形式提高学习兴趣，轻松突破知识难点，学会团结合作。

7. 以小报的形式展出来

日常教育教学中，我们会发现一大批学生很喜欢画画，班级的黑板报办得也很好，如果能将他们的天赋特长和善于创作的特点发挥到作业中，是否有独特的效果呢？每个学科都是由看似松散的知识点组成，实质上这些知识点是紧密相连的网络体系，如果学生能通过图画、文字等形式将所学知识串起来，构建知识体系，学习效果能事半功倍。教师可以引导学生以海报、手抄报等形式呈现作业，图文并茂，既有趣味性又有知识性，展示自己的兴趣爱好的同时还完成了作业，学会了知识。比如遇到中国传统节日，语文老师可以让学生自行搜集材料，以手抄报的形式将该节日的起源、习俗等相关知识呈现出来，加深对传统节日的了解；各个学科完成一个课时、一个单元、一个学期等阶段性任务时，教师可引导学生用思维导图将重要知识、思想方法串起来，以点带面，形成网络体系，找到隐藏的逻辑关系，让章节知识紧密联系在一起。以小报的形式把作业展示出来，能充分发挥学生的兴趣特长，有效激发学生的创作潜能，有利于培养学生的整体思维，并帮助他们建立自信心。

8. 以配音的形式仿出来

近几年，配音在很多综艺节目中出现，因其趣味性受到很多观众的青睐。配音仿作业是指引导学生对照视频中人物的口型对台词，其形式新颖独特、趣味性很强，同时对口语能力有一定的要求。我校英语教研组布置的配音作业较多，一般由教师给定或学生自行筛选视频片段，鼓励学生大胆表达，私下反复训练，把自己认为表现最好的一次录下来或者拍成视频作为上交的作业，还可以直接在班上展示。以配音的形式把作业仿出来，学生从畏惧到从容，从陌生到熟练，既培养了学生敢于表达的自信，又锻炼了学生的口语能力。

9. 以视频的形式秀出来

当今社会是信息飞速发展的时代，学生们从小受网络的熏陶，接受新鲜事物的能力非常强，对于电子产品的多媒体功能也很熟练。教师们可利用学生的信息技术素养和特长，丰富作业形态。视频秀作业是指学生通过把完成的作业以视频形式呈现出来，还可以通过一些软件功能进行加工修饰，成就一份精美而富有内涵的作业。视频的形式用信息技术代替了纸笔，让交流学习变得更加便捷。比如物理老师的作业经常是一次实验，可能只需要一个饮料瓶、一枚硬币、一个纸杯等简单的素材就能看到奇妙的物理现象，学生把完成实验的过程拍摄下来，配上语音或文字，加上片头片尾，做成一段段生动丰富的短视频并上传到班级群内。不同的学生用不同的素材完成的实验、观察的现象不一样，所有人都可以欣赏和学习，这对新课的学习起到了助推作用。

（四）倡导发展性评价方式

新课标倡导"立足过程，促进发展"的评价体系，作业评价是其中的一个重要环节，它不仅能提高学生的素质，且为学生的终身发展奠基。作业评价要从过分关注结果逐步转向兼顾过程评价，要重视通过作业过程评价促进教师的"教"和学生的"学"，从单一的评价标准逐渐转向多元化评价，从定量评价逐渐转向定性评价。

我校要求教师对布置的学生作业必须做到全批全改，不要求学生自批自改。作业批改力求正确规范、评语恰当。同时，要求教师根据作业批改结果及时调整教学进程与教学难点，精准分析学情，采取集体讲评、个别讲解等方式有针对性地及时反馈，尤其要强化对学困生的辅导帮扶。例如，数学组教师的作业批阅分为第一次批阅和第二次批阅，第一次批阅的目的在于发现问题，在针对第一次批阅所发现的问题进行讲解之后，还将进行第二次批阅，目的在于检查学生的订正情况，促进知识的落实和内化。

作业分层评价中，教师要合理地引入多元化评价方式，但以鼓励为主。例如，我们在学习"全等三角形判定方法的综合运用"时，教师可选用自我诊断评价、师友互动评价、小组轮流评价等多种评价方式，让学生既能从不同角度获取反馈，又能成为评价的主体；老师还可以从不同的判定方法、不同的辅助线的添加方法等视角进行评价，使学生发散思维、开阔视野；同时，教师还可以对学生的做题痕迹透露出的做题习惯、提交作业的积极程度等多方面给予评价，发现亮点，树立榜样，正面激励，引导他们养成良好的做题习惯和学习态度。富有弹性的分层作业评价，让不同层次的学生得到多方位的反馈，收获有针对性建议，有利于学生发展。

四、作业分层设计案例展示

以下是我校一名英语教师布置的分层作业，是我校分层作业设计策略的综合体现。

 人教版八年级下 Unit4 Why don't you talk to your parents? 单元作业设计

一、教材分析

Unit4 Why don't you talk to your parents? 单元大观念是学会正确表达并积极应对学习生活中的各种问题。其中，Section A 部分的大阅读是 Sad and Thirteen 向 Mr. Hunt 的求助信和 Mr. Hunt 的回信，探讨的是青少年应如何应对与家庭成员之间的矛盾；Section B 的大阅读为 Maybe you should learn to relax，探讨了课外培训班对中西方青少年成长所造成的压力以及大家对此现象的不同看法，表达了"幸福比成功更重要"这一观点。

单元核心词汇如下：

V.	allow guess argue offer communicate copy return continue compare push cause explain
N.	relation deal communication member opinion skill football development
Adj.	usual elder nervous proper crazy quick typical clear
Others	instead whatever secondly anymore

二、学情分析

根据我班学生英语学业水平，将他们分为 A、B、C 三类。其中，A 类学生基础优秀、学习积极性高，喜欢完成一些开放性、具有挑战性的学习任务，比如编写句子、设计思维导图和短文写作等；B 类学生基础一般，能较为轻松地完成基础类作业任务并尝试一些较有挑战性的任务，比如补充思维导图、连词成句等；C 类学生基础薄弱，分数长期处于及格线以下，适合一些更为基础的题型，以促进其掌握核心知识，增强英语学习的信心。

三、分层作业设计

（一）分层作业一（预计时长 5 分钟）

1. 作业内容

（1）完成以下词汇链。（A、B、C 三类学生均须完成的作业）

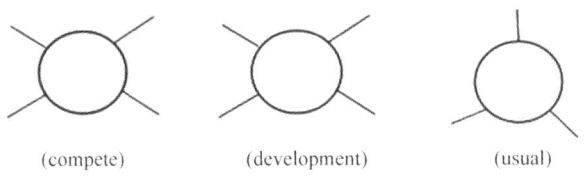

（compete）　　　　　（development）　　　　　（usual）

（2）C 类学生请标注出每组句子中划线词汇的词性和意思。（仅举一例）

Sometimes we have to <u>compete</u> with others. In order to win the <u>competition</u>, we have to be <u>competitive</u> and beat our <u>competitors</u>.

（3）B 类学生需根据词汇链完成填空练习。（仅举一例）

Sometimes we have to ＿＿＿＿＿＿ with others. In order to win the ＿＿ ＿＿＿＿＿, we have to be ＿＿＿＿＿＿ and beat our ＿＿＿＿＿＿.

（4）A 类学生则要求根据词汇链编写一小段对话。下面以 usual 为例，展示学生编写的对话。

Usually, Li Ming and I go to school together. This morning, we went to school as usual, but something unusual happened on the road. Can you guess what it is?

2. 设计意图

词汇链的构建能有效帮助学生扩大词汇量，夯实基础，尤其对于同一词根派生而出的多个词汇，学生能快速区分不同词性，并在例句中加深对词义的理解。在平时的授课中，笔者经常通过这种方法帮学生积累词汇。但对于词汇链的掌握情况，不同层次的学生要求不同。C类学生仅要求识记词义和词性，即达到"消极词汇"（能辨识）的水平；B类学生要求会选词填空，根据语境运用词汇；A类学生要求会编写一小段对话，将所学单词变成能写会用的"积极词汇"。

3. 困难预估和对策

为帮助学生顺利完成词汇链的相关任务，课堂上，老师应引导学生学习不同词汇的派生特点，并要求其做好笔记。这样，即使是C类学生也可借助笔记完成作业；B类学生在填词的过程中，应充分关注词义和词性；A类学生则容易在动词搭配、语法规则等方面出现一些错误，对此，教师应以开放包容的态度，在引导学生关注语法规则和搭配的基础上，鼓励学生大胆尝试，开放性地完成编写小段落的任务。

（二）分层作业二（预计时长8分钟）

1. 作业内容

（1）C类学生补充以下思维导图并选取其中的某一段落口头复述。请尽量用标准而响亮的语言复述，看谁能成为班级的"英语播音之星"！（将朗读录音上传到班级群，投票选取优胜者）

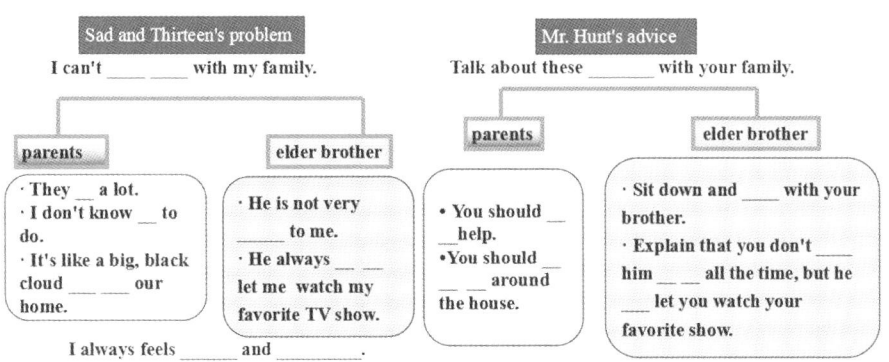

（2）B类同学请完成以下思维导图并口头复述文章内容，请尽量用标准而响亮的语言复述，看谁能成为班级的"英语播音之星"哦！

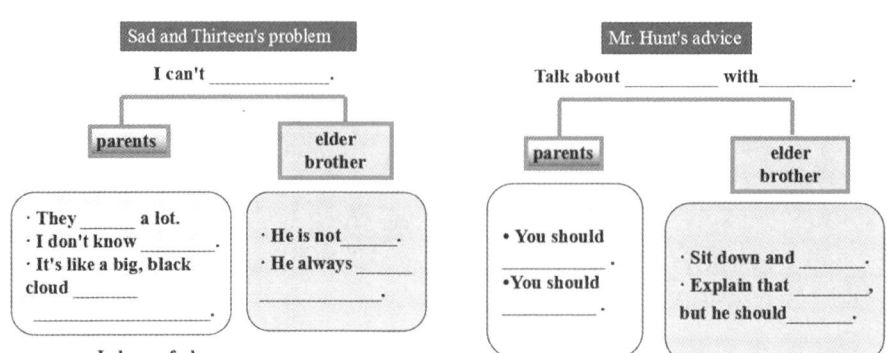

（3）A 类同学请自主构建思维导图并脱稿复述全文内容，请尽量用标准而响亮的语言复述，看谁能成为班级的"英语播音之星"哦！

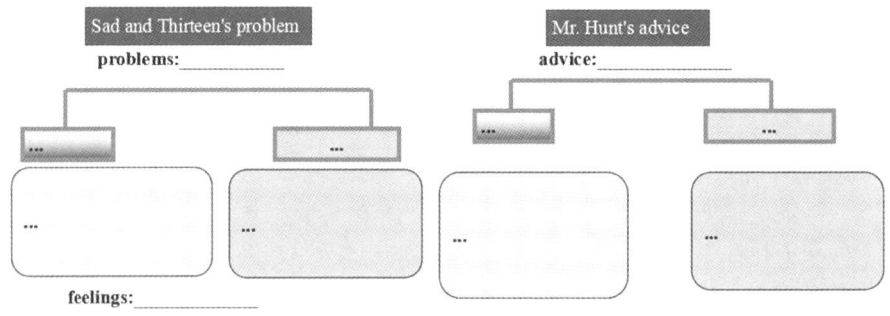

2. 设计意图

每个单元的两篇大阅读是单元核心词汇和单元大观念的重要载体，仅仅依靠课堂上的 40 分钟，并不能帮助学生充分地吸收和掌握核心知识，提升核心素养。对此，老师应当在课后作业中设置不同梯度的任务，以达到提升不同层次学生的能力的目的。同时，利用同学们喜闻乐见的英语录音任务和"英语播音之星"的评选，可有效增强他们开口说英语的积极性，提升他们的口语水平。

A、B、C 三类学生通过分别完成控制类任务、半控制类任务和开放性任务来复习和巩固文中重要词汇、短语，梳理作者写作思路，有效提升了他们的思维品质。口头复述有利于加强语言的输出和应用，改善学生语音、语调和语言表达能力。课本中的两篇阅读均可设计作业任务，本设计仅以 Section A 第一篇大阅读为例。

3. 困难预估和对策

C 类学生可能要借助课本才能完成任务，因此在课堂上，老师应带领学生重点关注难词难句的理解；B 类学生在完成思维导图时应注意动词时态的一致性以及复述时句子的连贯性；A 类学生在构建过程中可能会出现信息不全面或遗漏要点的问题，应提醒学生注重思维的逻辑性和整体性。口头复述环节，在提醒学生关注主谓一致等语法细节时，应鼓励学生大胆、流畅表达。

（三）分层作业三（预计时长 12 分钟）

1. 面向 C 类学生的分层作业

1）作业内容

C 类学生完成基于本单元重点词汇的首字母填词任务，以下举一些例子。

① Tom is a naughty（调皮的）boy，he often <u>causes</u> a lot of trouble.

② He is not easy-going，that's why <u>relations</u> between classmates get difficult.

③ We should allow teenagers to choose their own clothes.

④ So I guess you are wrong，this time.

⑤ They made a lot of money from the dirty deal.

⑥ First，I will explain the rules of the game to you.

2）设计意图

在完成了前面两类任务之后，C类学生已经较好地复习和落实了课本基础知识，具备了一定的词汇基础，通过完成首字母填词任务，可有效激活他们记忆中的"消极词汇"，加强对单元重点单词的掌握；同时，这种难度较小的练习能让他们获得较高的正确率体验，提升英语的学习兴趣。

3）困难预估和对策

这类题型要求C类学生在不翻看课本笔记的情况下独立完成，因此，可能会出现单词拼写或变形方面的问题，因此在此之前，老师一定要严把单词关，督促学生认真落实单词背诵，尤其要重点关注"四会"单词，注意拼写的准确性。

2. 面向B类学生的分层作业

1）作业内容

B类学生完成3～5篇短文的连词成句，短文内容与单元主题密切相关，要求学生应用单元重点词汇和短语。以下举一个例子（画线部分要求学生填写）。

中文：我们很多人都与自己的父母争吵过。因为有时父母给了我们很大压力，比如让我们去上足球课、舞蹈课等许多课外培训班，还经常拿我们与别人比较，这让我们感到焦虑。其实父母只是想要我们获得更多技能和更好的发展，这样，将来我们才有能力与他人竞争。但有时他们似乎把我们逼得太紧，忽略了我们是否快乐！因此，我们有必要坐下来和他们好好沟通一下，让他们知道我们的感受和想法。毕竟，快乐比成功更重要！

英文：Many of us have argued with our parents because sometimes they give us too much pressure and ask us to take a lot of after-school classes like football lessons and dancing lessons. What's more, they often compare us with others which makes us nervous. Actually，all they want is that we can get more skills and better development. In this way，we will be able to compete with others in the future. But sometimes they seem to push us so hard that they neglect whether we are happy or not. Therefore，it's necessary for us to sit down and communicate with them in order to let them know our opinions and feelings. After all，happiness is more important than success!

2）设计意图

B 类学生基础尚可，除了单词拼写这类较为基础的任务，他们完全可以挑战一些更有难度的任务，比如连词成句。这种类型的任务正好处于 B 类学生的最近发展区，是他们"跳一跳"正好能摘得到的"果子"，可有效提高他们的语言应用能力和学习兴趣。

3. 面向 A 类学生的分层作业

1）作业内容

A 类学生完成以下话题写作任务。

在日常生活中，我们总会遇到各种各样的困难和问题，比如学业上的压力、与家人之间的矛盾、朋友之间的误会、同学之间的竞争……请问你是如何应对的呢？请写出令你印象和感受最为深刻的一次危机，请尽可能多地运用本单元词汇完成话题写作任务。

2）设计意图

A 类学生基础较为扎实，喜欢挑战难度较大的开放性学习任务。笔者结合本单元的大观念，鼓励学生运用所学语言知识描写生活中曾令自己印象最深刻的一次危机及化解的过程，引导学生反思和总结如何正确应对生活中的困难和问题。本作业旨在提升他们的语言应用能力，锻炼他们的思维品质，培养其积极向上的生活态度。

3）困难预估和对策

A 类学生在完成这类开放性话题写作任务时，可能会在文章的语法正确性上做得不那么完美。教师在平时的教学中，应多引导学生注意主谓一致、时态选择等语法规则，鼓励学生进行开放式的表达，重点关注文章的连贯性、层次性和逻辑性。只要学生愿意写、有话可说，对于是否用到了多个本单元的词汇，不做硬性要求。

四、设计亮点

（1）作业的选材紧扣单元大观念，在培养学生的基础知识和基本技能的同时，更有利于提升他们的语言能力、思维品质等核心素养。

（2）目标定位清晰，充分阐明设计意图、困难预估及对策，使作业设计更加有据可依、有的放矢，作业完成更加切实高效，充分发挥提升学生能力的作用。

（3）内容丰富：既包括词汇作业等基础性作业，也包括描绘思维导图、复述文章等提升类作业，还包括了连词成句、自主作文等迁移创新类作业。

（4）形式多样：既有笔头作业，也有口头复述等语音作业，整个设计图文并茂。

第三节　"双限"作业管理操作流程

为了能规范有序地落实"双限"作业管理制度，促使"教—学—练—评"学习模式中"练"的有效开展，光谷七初通过会议培训，先从校级层面向教研组备课组、德育班主任管理团队、全体教师逐层传达理论理念；然后引领班主任团队从班级层面逐层向科任教师、学生、家长传递实践操作的方法；在进入实操环节之后，一方面，老师们根据学生作业的反馈不断调整作业内容，另一方面，班主任或者科任老师们向备课组、课程管理中心等部门反馈机制的不合理处。简言之，通过这种自上而下的制度发布、操作培训，自下而上的制度实践、研讨反思，光谷七初不断对"双限"制度及流程进行调试修正，形成了完整的闭环。在"双限"作业管理制度的执行过程中，以单个班级内部的全体师生为单位，构建一个个限时作业的执行整体，以所有班级为单位形成一个全校的限时作业系统，只有当每个班集体、每个成员都共同遵守"双限"作业管理制度时，该制度才能有效地运行，最终达成"减负增效"的教育目标。

一、制定方案，宣传培训

（1）我校课程管理中心牵头召开全校教师的动员大会，分析"双限"作业的优势与弊端，通过详细分析"双限"作业管理的优势，增进各位老师对该措施的认同；通过分析可能出现的问题并提出有针对性的解决方案，消除各位老师的顾虑。表 4-2 即"双限"作业管理的措施及优势，表 4-3 为"双限"作业管理可能出现的问题及解决方案。

表 4-2 "双限"作业管理的措施及优势

措施	优势
将学生可自由支配时间"切块"，科学分配作业时间，时间截止即收取作业，做一科减一科	避免学生将作业积压到最后一刻，保证作业质量
限时发放，限时收取，当天指定科目作业不带回家	作业时间内学生都在做作业，不能抄袭；作业上交后，回家也不能抄袭
不能抄袭，能做多少就做多少，做不完也收上来	老师能真实看到单位时间内学生作业的真实情况、学生之间的学情差异
合理分配时间，薄弱学科可以分配更多时间	老师没有抢占作业时间的机会
老师照看，独立完成	让学生养成专注答题的习惯，提升答题的速度；做不完的学生没机会抄袭，减少老师的无效批阅量

表 4-3 "双限"作业管理可能出现的问题及解决方案

可能出现的问题	解决方案
分配的作业时间不能很好地对应当天的课时内容，或整体章节内容	提前规划、精准备课；转变思想，整体设计，新知练习与旧知巩固相结合
相同的做题时间，水平高的学生时间富裕，基础差的学生时间不够	分层布置作业，分必做作业和选做作业，让优等生提升，让中等生夯实基础，让薄弱生达标；作业讲解也分必讲题和个人辅导题
每个学生都被指定了作业时间，班级薄弱学科得不到强化	分配作业时间时，要照顾到班级薄弱学科，老师之间要相互配合

（2）学校集中了各个学科的优秀教师代表和课改先进人员，成立了专门的作业组织管理机构，经过反复研讨，制定出"武汉市光谷第七初级中学作业管理方案"（表 4-4）和"双限"作业时间安排表（表 4-5）。

表 4-4　武汉市光谷第七初级中学作业管理方案

一、指导思想
为贯彻落实《东湖高新区教育局关于进一步加强和改进义务教育学校作业管理的工作措施》，落实"双减"政策，切实减轻学生过重课业负担，全面提高教育教学质量，学校对目前作业情况进行再调研、再梳理、重新审视作业问题，使作业更规范、更有效。
二、组织机构 　组长：×××　××× 　副组长：×××　×××　×××　×××　××× 　组员：各教研组组长、备课组组长、班主任
三、实施目标 　从"备课、上课、作业、辅导、评价"的教学环节中，将"作业"作为一个具体的问题加以研究，倡导"三有作业"，以期达成以下目标。 　（1）有节，即控制作业数量和难度，倡导布置实践性、个性化作业，注重生活化、游戏化、益智化。 　（2）有料，就是强调作业导向上有针对性，内容上有趣味性，避免随意布置机械性的简单重复作业。 　（3）有别，就是强调作业对象上的层次性，形式上的多样性，要根据学生具体情况分层布置作业，分层执行评价标准，避免"齐步走"和"一刀切"，让作业成为学生喜闻乐见的学习活动。
四、实施内容 　（1）学校组织备课组、学科组学习和培训，提高认识，统一思想。 　（2）以学科组、备课组为单位反思过去作业设计的内容和形式，分析低效、无效作业的形成原因及危害，形成新的作业设计理念。研究拓展作业设计的内容和形式。各学科组、备课组设计具体研究方案，经学校审核后实施。 　（3）"有效作业"案例研讨活动。以备课组或学科组为单位，利用各学科教研活动时间开展"有效作业"问题研讨交流活动，活动要有主讲人以及记录。各教研组设计具体研究方案，经课程管理中心审核后实施。 　（4）教师作业专题设计评比。以备课组为单位开展教师作业设计评比，分学科进行，研究"有效作业"的成功案例并推广、交流。 　（5）承认差异，遵循"因材施教"原则，分层次布置作业。要尊重每一个学生的个性，承认学生在个性、认知水平、学习能力等方面存在差异。教师设计、布置作业时应考虑：① 根据学生的实际，采用灵活多样的方法，因班而异，因人而异；② 有梯度和区分度，分开层次，不拿同样的作业去对待所有的学生；③ 根据学生特点，将每个合作学习小组的学生分为 A、B 两个层次。A 层的学生紧扣教材侧重完成 A 档基础型作业，B 层学生侧重完成 B 档提高型作业或适当完成拓展型作业。分为多个层次亦可。

续表

（6）合理安排，科学控制作业量。按照方案要求，每天书面作业总量完成时间平均不超过 90 分钟。周末、寒暑假、法定节假日还要控制这个时间段内书面作业时间的总量。不布置重复性和惩罚性作业，不通过微信或 QQ 等方式传导学习和作业压力，不用手机布置作业或要求学生利用手机完成作业。以班主任为总协调人，协同科任老师合理分配、控制作业量。以下是各科要求。

① 语文：基础作业课内完成，大作文每学期六次，当堂完成，推荐阅读书目安排在寒暑假或小长假完成。

② 数学：教材作业课内完成，教辅分层布置。

③ 英语：基础作业课内完成，教辅精选完成。

④ 物理、化学：基础作业校内完成，教辅精选完成。

⑤ 思政：七、八年级每周两次作业，九年级每周三次作业。每次时间量不得超过 15 分钟。

⑥ 历史、地理、生物：书面作业课内完成。

⑦ 音乐、体育、美术：在寒暑假或小长假布置实践性作业。

（7）科学有效地设计多种作业形式。作业设计是备课的有机组成部分，基于作业的目标、内容、难度、类型、数量等关键要素，科学设计符合新时代育人要求，体现学科特点，适合学生实际的书面作业、科学探究、体育锻炼、艺术欣赏、社会与劳动实践等不同类型作业，作业难度不超过新课标要求。督促学生完成好基础型作业，探索布置分层作业、弹性作业和个性化作业，科学设计探究型作业、实践型作业及跨学科综合型作业，不断提高作业设计质量。要围绕作业选用与设计等主题开展校本研修，不断加强校本作业资源建设。

（8）重视作业批改反馈。强化作业批改与反馈的育人功能，教师对布置的学生作业必须做到全批全改，不要求学生自批自改。作业批改要正确规范、评语恰当。通过作业精准分析学情，采取集体讲评、个别讲解等方式有针对性地及时反馈，特别要强化对学困生的辅导帮扶。根据作业批改结果及时调整教学进程与教学难点，同时引导学生分析自身学习存在的问题，更好地开展后续学习。教师要充分利用课堂教学时间和课后服务时间加强对学生作业的指导，培养学生自主学习和时间管理能力，指导学生在校内完成大部分书面作业。

（9）健全家校共育机制。重视与家长的沟通与合作，引导家长树立正确的教育观和作业观，避免"校内减负、校外增负"现象。引导家长切实履行家庭教育主体责任，营造良好家庭育人氛围，合理安排孩子课余生活，与学校形成协同育人合力；引导孩子从事力所能及的家务劳动，激励孩子坚持进行感兴趣的体育锻炼和社会实践；不额外布置其他家庭作业。初中生睡觉时间一般不晚于 22：00，教师不给家长布置或变相布置作业，不要求家长检查、批改作业。学校做好家长培训，指导家长根据孩子个性特长、成长规律和发展需求进行学业和生涯规划。

续表

五、作业评价多样化、激励化、过程化

坚持"四有四必"，即有发必收、有收必改、有改必评、有错必纠，及时反馈，多措并举。教师批改时全批全改、精批细改、面批面改这几种方式交错进行。

教师对学生解题过程的指导：① 形成解决问题的程序，做每一道练习题，都要认真读题，找问题点—提取有效信息—分析题目考查方向—调动已有的知识储备—形成解决问题的程序；② 养成严谨细致的解题习惯，确保不因计算、式子转换等低级失误而影响答案的正确性，平时练习不出错，考试才能有保障；③ 明确做题过程中遇到难点时进行探究的途径；④ 把握好答题顺序及时间；⑤ 注意答题规范和整洁度；⑥ 定期检查，适时总结，定期交流，课程管理中心跟踪检查学科作业完成及批阅情况，对优秀作业组织展示，以树立榜样，激励先进，促进共同提高。

武汉市光谷第七初级中学课程管理中心

2022 年 9 月

表 4-5　光谷七初"双限"作业时间安排表

七年级	八年级	九年级
限时作业 1 （12：10—12：40）	限时作业 1 （12：10—12：40）	限时作业 1 （12：10—12：40）
限时作业 2 （12：40—13：10）	限时作业 2 （12：40—13：10）	限时作业 2 （12：40—13：10）
限时作业 3 （17：05—17：35）	限时作业 3 （17：05—17：35）	第八节 （包括限时作业时间 30 分钟）
家庭作业 （限定两科以内）	限时作业 4 （17：45—18：15）	晚自习 1 （包括限时作业时间 20 分钟）
	家庭作业 （限定两科以内）	晚自习 2 （包括限时作业时间 20 分钟）
		限时作业 3 （20：30—21：00）
		家庭作业 （限定一科）

其中，七年级的学生能在学校完成三个学科的作业，八年级的学生能在学校完成四个学科的作业，九年级的学生能在学校完成五科或者六科的作业，在校限时完成的学科回家不再布置作业，所有的学生能在学校完成大部分甚至是全部作业，回家的作业时间总量控制在 60 分钟以内，具体要根据不同年级、班级的不同统筹布置。在执行"双限"作业管理时，一定严格按照时间节点发放和收齐作业，不管做完还是没做完，到点就收，这不仅是对学生作业习惯的培养，更是对学生时间观念、纪律意识、责任意识的品格培养。

二、班级管理，指导学生

（一）协调科任老师，安排作业时间

首先，班主任根据课表的安排组织科任老师们选定限时作业时间，做好统筹协调，原则上是上午有课的科目安排在中午时间，下午有课的科目安排在下午时间，尽量保证所有科目安排均衡妥当。为尽量保持公平，必要时班主任作为协调剂应做出退让或者顶上。其次，考虑到班级学生的薄弱学科，可以适当倾斜以确保班级学生的均衡发展。最后，尽量保证本学科的老师负责本学科的限时作业时间，因为按常理来说，教师对本学科的学生作业情况关注度更高，也能第一时间知晓真实的学生作业情况，若有多班的老师，班主任也要做出协调。下面以表 4-6 为例进行简要说明。

表 4-6　光谷七初 811 班"双限"作业时间安排表

	周一	周二	周三	周四	周五
限时作业 1 （12：10—12：40）30 分钟	语文	英语	物理	数学	道德与法治
限时作业 2 （12：40—13：10）30 分钟	物理	数学	英语	语文	历史
负责老师	Z 老师	C 老师	L 老师	F 老师	Y 老师（单周）/ S 老师（双周）
限时作业 3 （17：05—17：35）30 分钟	周练	语文	数学	英语	无
限时作业 4 （17：45—18：15）30 分钟		物理	语文	物理	
负责老师	F 老师	Z 老师	F 老师	C 老师	

续表

	周一	周二	周三	周四	周五
晚上 自主学习	英语/ 道德 与法治	数学/ 历史	语文/ 道德 与法治	物理/ 历史	全科

温馨提示：① 综合当天的学科安排，中午两段两个学科，限时做限时交；② 每天中午辅导老师照看两科，另外一个学科的老师把作业提前布置给课代表；③ 有限时作业的学科原则上不能再布置当天的学科作业，晚上回去建议只布置一个主学科的适量作业，安排道德与法治和历史的背诵任务！以上时间安排尽量保证每一个学科均衡，若有不当之处，请大家多多包涵。

横向来看，中午有十个小段，语文、数学、英语、物理四大学科每个学科两个小段，道德与法治、历史各一个小段，中午的限时作业安排确保了各个学科的均衡，同时兼顾了上午的课表安排，当天中午负责的老师担任的学科就是限时作业所对应的学科。同样地，晚上限时作业的主学科也确保每个学科都有，道德与法治和历史隔天布置一次，也确保了同等学科在时间分配上的均衡。纵向来看，保证了每天四大主学科的作业能在学校完成，另外可以将一大主科作为家庭作业布置（要求不超过 30 分钟的作业量），以周二为例，中午安排了英语、数学，下午就安排语文、物理，周三周四也是如此。同时，下午的延时服务的老师也基本遵循了本学科老师负责本学科限时作业的原则。

（二）动员培训学生，强化执行事项

班主任首先召开学生动员大会，统一思想：根据同学们的作业调研反馈情况，学校出台了"双限"作业管理制度，来帮助大家解决作业困惑。制度的出发点是让大家在校内完成大部分作业或者是全部作业，减轻作业负担，实现"轻书包回家"，保证大家有足够的睡眠时间，确保第二天学习生活的精神状态。

然后告知学生具体情况，即每天有四个时间段可用于双限作业时间：12：10—12：40；12：40—13：10；17：05—17：35；17：45—18：15，这四个时间段用于完成四个学科作业，如周二在校内完成了英语、数学、语文、物理作业，回家的数学主学科作业不会超过 30 分钟，一般是订正错题、查漏补缺，另外历史学科可以布置不超过 20 分钟的作业。

为了确保整个班级"双限"作业管理执行到位，需要每个同学的积极配合，严格遵守每个时间节点的要求，以周三中午为例进行详细说明。① 根据物理课代表布置的作业任务和完成时间段要求，认真独立完成作业，时间一到，课代表下达收作业的指令，大家停笔就提交，不管写完还是没写完，保证安静有序、到点都交；交作业间隙获取第二段时间的英语作业信息，迅速进入状态。②"双限"作业时间段，大家严格遵守纪律，遵守时间安排，认真独立思考，不询问不讨论。③ 合理规划分配时间，先易后难，讲究做题策略，有不会的题目可以圈起来先不做，切忌抄袭现象发生。④ 养成良好的作业习惯，有较强的时间观念，培养提前准备、独立思考、仔细检查等好习惯。

　　学生本来对于在校完成作业这件事就非常支持，经过系统的培训，对于"双限"作业管理的具体措施也非常明确。

（三）成立管理团队，培训指导班干

　　班级成立以课代表为核心的"双限"作业管理团队，管理组长主要负责本组双限作业的发放与收取。班主任组织开展培训会，强调作业管理团队各个成员的职责，说明在各个时间节点如何去执行相关任务：① 课代表提前主动与科任老师对接，获取"双限"作业内容，科任老师也会培训相应的课代表什么时间找老师领取作业，一般在限时作业前十分钟；② 将"双限"作业内容填写至后面黑板上的作业公示栏，便于同学们提前做好准备；③"双限"作业前两分钟，课代表再次在前面黑板呈现作业科目、作业内容、完成时间、提交时间，同时将作业纸发放给各组的作业管理组长，作业组长一一发放给小组成员；④ 课代表打开电脑白板，设置闹钟、倒计时或者计时器，便于学生合理地规划与安排时间，时间限制是培养学生的时间观念的好方法，也是提高作业效率的催化剂；⑤"双限"作业提交时间一到，课代表立即发布收作业的指令，此时由各组的作业管理组长收作业，提交给课代表，课代表整理提交给科任老师；⑥ 如果遇到一整段时间有两份作业时，比如中午有两份作业，那么第二份作业的学科课代表要提前一分钟（或者收作业的间隙，可根据自身完成作业的情况灵活安排）就位，在黑板上呈现相关作业信息，调整计时器，此时可能需要学会礼貌地与负责值守的老师说明才能下位进行，作业组长在收第一科作业的时候，同学们就能获取第二科作业的信息并着手写第二科作业，收取作业的要求与前面步骤相同。表 4-7 列举了光谷七初 811 班某个教学日的全部限时作业时段和内容。

表 4-7　光谷七初 811 班某个教学日的限时作业安排

811 班作业公示栏（12.14）			
科目	作业内容	完成时间	提交时间
数学	《课堂作业》"分式方程" 第 162—163 页	12：10—12：40	12：40
语文	《课堂作业》 第 24 课第 1—11 题	12：40—13：10	13：10
英语	《课堂作业》 第七单元第 4 课时	17：05—17：35	17：35
物理	《课堂作业》 第 97—100 页	17：45—18：15	18：15
历史	背诵第十二课	今晚	明日课堂抽验

三、搭建桥梁，合作共管

首先，班级内师生应当相互合作，确保"双限"作业落实到位。班主任应加强与各科任老师的沟通，及时了解学生作业完成的数量与质量，做好中间人，协助调解以确保各方达到平衡和谐的状态；科任老师们也应协助班主任做好班级"双限"作业的管理，培训好各自的课代表；作为科任老师得力助手的课代表，除了需要收发作业外，更重要的是做好同学们与老师的纽带，随时反映同学们作业的完成状态以及对作业的反馈，以便老师们根据反馈，调整作业量、作业难度和作业层次，让每个学生能充分利用好限时作业的时间，有所收获。

其次，应当努力搭建家校沟通的桥梁，助力作业实效化。"双限"作业管理制度实施之时，有些家长可能会因为家庭作业量的减少担忧孩子的学习质量，难免会有所焦虑。教师（尤其是班主任）需要耐心地与家长沟通，换位思考，理解家长的顾虑，引导其改变观念；同时也可以通过家校交流会或教学开放日宣讲"双限"作业管理制度产生的前因后果，以及严格落实后带来的效果，从而取得家长的信任和支持；在时机成熟时，甚至可以邀请家长充当"双限"作业管理运行的合伙人，一起为孩子的成长助力。

第四节 "双限"作业的实践成效

一、学生和家长对"双限"作业管理的反馈

自从学校实施作业管理改革以来，我们欣喜地看到了显著的成效。这些成效体现在学生学习效率的提高上，更体现在他们的身心健康、习惯养成以及教师的专业成长等多个方面。

第一，由于学生完成作业的真实性提高，作业的诊断功能提升，学生的学习效率得到显著提高。以前，由于缺乏有效的管理手段，部分学生可能会抄袭或借鉴他人的作业，因此作业的真实性不高，难以起到巩固知识的作用。而现在，在老师的严格管理下，学生在限定时长内完成的作业基本能保证是独立完成的，这使学习得以真实地发生。真实的作业能够真实地反映学生的学习状态，进而提升作业的诊断功能，帮助老师更加准确地了解学生的学习情况，为后续教学提供有力支持。

第二，有益于学生身心健康。因为有效控制了学生做作业的时间，让他们能在校内完成大部分作业，家庭作业量大大减少，他们的课外时间更多了，身心更为放松，睡眠更加充足。过去，学生常常因为繁重的作业负担而熬夜，导致第二天精神不振。而现在，通过实施"双限"作业管理，限制作业量和作业时长，学生的作业总量得到了有效控制。据统计，70％的学生已能在规定时间内完成作业并上交给老师，放学时可以背着书包轻轻松松地回家去。

第三，促进了学生良好习惯的养成。由于作业有了明确的时间限制，学生被要求在规定时间内完成作业，这迫使他们改变了过去散漫拖拉的习惯。现在，大多数学生都能更加专注地做作业，不仅提高了作业效率，还逐渐养成了良好的学习习惯。专注力的提升和良好习惯的养成对学生的未来发展有重要意义。

我们还分别向学生、家长发放了调查问卷，旨在了解实施"双限"作业管理制度后所带来的变化并征求改善建议，还通过面对面访谈、电话等方式采访了部分家长，反馈如下。

学生的心声：自从学校实行"双限"作业管理制度以来，我们的作业基本

上可以在学校完成，回家只有少量作业，有时候甚至没有作业，可以自行根据当天所学情况整理错题、积累文科知识、预习第二天要学习的内容，有自由支配的时间可真好！晚上我们可以睡个好觉，再也不用写作业到很晚，第二天早晨起床，感觉精神状态比较好。以前在家完成家庭作业总是拖拖拉拉，有时候时间很晚了就乱写，或者做选择题就随便选，老师第二天讲解的时候难免听得云里雾里，导致学习成绩大幅度下滑，也逐渐不愿意学习了。实施"双限"作业管理制度后，我们写作业的效率提高了很多，错的题目也少了，改错订正轻松了不少，同时作业质量也改善了。

家长的心声：孩子们现在每天没有背什么书和作业回家了，书包变轻了很多。据说作业已经在学校完成了，毕竟原来都背一大包书，写作业写到很晚，还要经常催促才能完成。现在回来没什么书面作业，就背背书、看看书，而且睡觉时间变早了。一开始，我们表示怀疑，于是打电话与班主任核实情况，了解到学校在推行"双限"作业管理制度，班级把各科需要完成的作业内容、完成时间、提交时间安排得明明白白。听了班主任的介绍后，我们感觉还不错，学校确实在想办法为孩子们减负。一开始，我们虽然支持，但心里还是隐隐约约有点担心孩子的成绩下降，毕竟以前放学回家做很久的家庭作业是常态，现在一下子轻松了，感觉有些不太放心。后面经过几次大型考试，孩子的成绩不但没有下降反而还上升了，我们才真正放心。而且，我们惊喜地发现，孩子的行为习惯也在慢慢发生变化，比如不磨蹭拖拉、早睡早起、有时间了能主动与我们聊天交流，等等。

通过一段时间的实践探索，我们发现老师、学生、家长都感受到了作业的轻负、实效。他们都能自觉执行改革方案，再也无须进行额外的提醒和督促。这种变化不仅让学校的教育教学更加高效、有序，也为学生的全面发展奠定了坚实基础。

二、教师对"双限"作业管理的反馈

"双限"作业管理制度在全体师生的共同努力下，在不断实践、不断发现问题、不断解决问题中逐渐成熟，不管是对"双限"作业的管理操作，还是对自己的教育教学方式，教师们都有着深刻的体会与思考。下文我们将展示在此过程中我校老师对于"双限"作业管理的直观感受与教学思考。

教师代表 Y 老师说道："双限"作业管理倒逼我们科学设计作业，促进了我们的专业成长。由于学生个体存在差异，不同学生在限定时间内能完成的作业量不同。因此，一些提前完成的学生会主动申请增加作业量，而一些完成不了的学生则会向老师反映作业量过大。这种由学生自发产生的增减作业的诉求，倒逼老师对作业进行分层和个性化设计。为了满足不同学生的需求，我们需要更加深入地研究学生的学情和认知规律，设计出更符合学生实际的作业。这一过程提升了我们的教育教学能力，促进了专业成长。

教师代表 L 老师说：通过"双限"作业管理，我们被学校逼着去优化教学方式、精准备课、优化作业设计，只能向效率要质量。中午和下午的延时服务时间都被安排成了限时作业的时间，把我们讲课的部分时间让渡了给学生的作业时间。开始我们总担心课讲不完、作业讲不完，但学校统一执行"双限"作业管理制度后，我们只能重新设计教案，提高教学效率。后来，我们发现，比起以往布置了大量的家庭作业但普遍存在抄袭和瞎写的情况，现在的作业非常真实，实质上学生的学习质量提高不少；现在，我们的时间大多花在认真设计教案上，不再为批改大量真实性存疑的作业而无奈，无形中减轻了我们的工作负担，提升了工作效率；同时，任课老师们不再因为很多作业抄袭或者不写、瞎写作业的情况去耗费精力整顿学风，反而各班还自动形成了一种独立思考、热爱学习的班风，学生的精神状态也好了很多。

我校多位老师的作业设计案例和论文获得区级奖励。例如，道德与法治课 T 老师的案例"基于'双限'作业管理机制的道法作业设计——以八下第二单元'理解权利义务'为例"，英语课 W 老师"八下 Unit4 Why don't you talk to your parents? 单元作业设计"均获得武汉东湖高新区 2022 年"逐光杯"作业设计评比一等奖；英语学科 G 老师论文《"双减"之下，如何提高初中英语作业设计的有效性？》获得东湖高新区 2024 年"向光杯"优秀德育论文、案例评选二等奖；H 老师以"双限"作业管理为中心事件的文章《"双减"之下，我遭学生举报了》发表于省级期刊《班主任之友》……

第五章　学情评估变革——"微诊断"

第一节　"微诊断"的内涵与特征

一、国家层面对于考试和评价的解读

（一）《教育部办公厅关于加强义务教育学校考试管理的通知》解读

　　义务教育学校考试面对的是未成年学生，要准确把握考试功能，主要要发挥其诊断学情教情、改进加强教学、评估教学质量等方面的功能。除初中毕业生升高中考试（初中学业水平考试）外，其他考试不具有甄别、选拔功能。

　　《教育部办公厅关于加强义务教育学校考试管理的通知》中关于完善学习过程评价指出：各地各校要树立全面发展的质量观和科学的教育评价观，综合考虑学生学科考试成绩与其他表现，科学全面评估学生；要完善学习过程评价与考试结果评价有机结合的学业考评制度，加强学生学习过程评价，鼓励实践性评价，可以采用课堂观测、随堂练习、实验操作、课后作业等方式开展学生学习情况的即时性评价，通过定期交流、主题演讲、成果展示、学生述评等方式开展阶段性评价；要注重学生综合素质、学习习惯与学习表现、学习能力与创新精神等方面的评价；要创新评估工具手段，积极利用人工智能、大数据等现代信息技术，探索开展学生各年级学习情况全过程评估、德智体美劳全要素评价。[①]

（二）《义务教育质量评价指南》解读

《教育部办公厅关于加强义务教育学校考试管理的通知》中指出：各校应统筹处理好考试、作业、日常评估、质量监测等方面关系，完善义务教育评价体系，科学合理安排考试，引导深化课程教学改革，全面提高教育教学质量。

（1）县域义务教育质量评价。主要包括价值导向、组织领导、教学条件、教师队伍、均衡发展等五个方面重点内容，旨在促进地方党委政府坚持社会主义办学方向，加强对义务教育工作的领导，履行举办义务教育职责，促进县域义务教育优质均衡发展。

（2）学校办学质量评价。主要包括办学方向、课程教学、教师发展、学校管理、学生发展等五个方面重点内容，旨在促进学校落实德智体美劳全面培养要求，深入实施素质教育，充分激发办学活力，不断提高办学水平和育人质量。

（3）学生发展质量评价。主要包括学生品德发展、学业发展、身心发展、审美素养、劳动与社会实践等五个方面重点内容，旨在促进学生德智体美劳全面发展，培养学生适应终身发展和社会发展需要的正确价值观、必备品格和关键能力。

（三）义务教育学校的考试管理要求

（1）大幅压减考试次数。初中年级根据需要可以安排一次期中考试，学校和班级不得组织周考、月考、单元考试等其他各类考试，也不得以测试、测验、限时练习、学情调研等各种名义变相组织考试。

（2）规范考试命题管理。学校期末考试命题要严格规范考试内容，合理控制考试难度，不得超越国家课程标准和学校教学进度；要切实提高命题质量，注重考查基础知识、基本技能和教学目标达成情况，注重增加综合性、开放性、应用型、探究性试题比例，体现素质教育导向，不出偏题怪题，减少机械记忆性试题，防止试题难度过大。

---

① 教育部办公厅关于加强义务教育学校考试管理的通知 [J]. 中华人民共和国教育部公报，2021（11）：29-30.

（3）合理运用考试结果，学校期中期末考试实行等级评估，一般分 4～5 个等级。考试结果不排名、不公布，以适当方式告知学生和家长。

二、"双减"政策下学情评估的意义

（一）"双减"政策下"评"的意义

"双减"指要有效减轻义务教育阶段学生过重作业负担和校外培训负担。为了提升学生的学习兴趣，增强学生学习的动力，让"双减"落到实处，我校在优化传统"评"的基础上，采用多元化学习评估和周作业抽样反馈，这些举措具有以下重要意义。

（1）对学生个体而言，"双减"旨在培养学生的创新能力、创新精神及综合素质，全面夯实人才基础，进而服务国家战略需求及民族复兴伟大事业。多元的学习过程评估，可以引导学生挖掘学习过程中呈现的潜力，改正其不足，同时引导学生发现彼此身上的闪光点，向优秀看齐，成为优秀的人；周作业抽样反馈，是学生一周学习情况的及时反馈，其评估的目的，是检验学生学习的情况，评估教师教的效果，是一种非常及时有效的学习策略，可以提升学生的学习效率，提高学校的教学质量。

（2）对家长而言，多元的学习过程评估、作业抽样反馈评估，可以让家长实时了解孩子在学习过程中呈现的性格优势和不足，以及学习中存在的问题，引导家长树立科学育儿观念，理性确定孩子成长预期，努力形成减负共识。

（3）对学校、社会而言，从课前自主学习的"微诊断"，到课中学习过程评估的"微诊断"，到周作业抽样的"微诊断"，每一个诊断的过程都可以让教师及时了解教学效果，从而提升教师的教学质量，确保学生在校内学足、学好，多元化的评估也会增强学生的社会适应能力，满足多元化社会的需求。

（二）我校学情评估的目标内涵

我校形成了以"三级任务驱动"的长短课架构、"学友互助"学习模式、"双限"作业管理为辅助手段的教学练评一体化教学体系。其中"评"作为教学体系中的一个重要环节，其目标是对教师的教、学生的学、学生的练进行反馈、评估和建议，达到协助教师优化教学过程、帮助学生查漏补缺的目的，让我们的教、学、练、评形成教育闭环。

教学练评一体化教学体系中的"学情评估"有两个层次：在学生层面，主要采用"微诊断"的方式进行学情评估，分为学习过程"微诊断"和学习结果

"微诊断";在教师层面,教师公开课授课过程中,需要备课组组长组织学生完成当堂的学情反馈,填写"××教师听课学情反馈表"进行课堂"微诊断"等。

三、"微诊断"的内涵和意义

(一)"微诊断"的内涵

我校主要采用"微诊断"的方式进行学情评估,以促进教师的教和学生的学。"微诊断"本质上还是以诊断的方式进行学情评估,但是又区别于传统的诊断,其主要特点就在"微"。"微"体现在内容设计精简、操作实施简洁,具体成效突出。

1. 评估主体多元化

"微评估"评估的主体有教师、学生、家长、学校。

2. 评估方式多元化

"微诊断"的评估方式有学生自评、学友互评、教师点评、家长回评。

(1)学生自评。学生自评是指学生在每日一次的诊断过程中,对自己在学习过程中的独立性、互助性、主动性、创新性进行等级评估。学生通过自我评估的方式,加深对自我的认知,实现自我教育。

(2)学友互评。学友互评主要是师友对学友和学友对师友的评估,也包括小组内组长对成员的评估。评估内容包括对学生学习过程中各个维度的每日等级评估和每周定性评估。

(3)教师点评。教师根据学生在学习过程中的表现,对学生的独立性、主动性、互助性、创新性进行一周一次的评估。教师点评必须有学生学习过程中四个维度表现较好的方面,为什么表现较好,以及需要提升的方面和相关建议。教师的点评是所有评估中最专业的一种,可以给学生的学习过程提供一定的建议,提升学生的学习效率,同时教师点评可以实现教师与学生的平等对话,拉近师生的距离,提升教育教学的效率。

(4)家长回评。家长回评是家校沟通的重要方式,家长查阅孩子在校学习情况,从学生自评、学友互评、教师点评了解自己孩子在学校的学习过程,家长可以填写孩子在家学习的情况,也可以填写建议或者意见,还可以写对孩子的心里话,以此缓解亲子矛盾,也便于教师更好地开展教育教学,有利于学生健康快乐成长。

3. 评估手段多元化

对学生的具体评估方式有定量评估（等级）、定性评估（语言）、创意奖励（表扬）、物质奖励（礼物）等。

对教师的评估方式则主要有问卷调查、家校沟通、质量分析等。以下是光谷七初在学校层面和班级层面的不同评估手段示例。

 评估手段示例

一、学校层面

学校定期（一般一个月一次，通常安排在大课间）对在周作业抽样反馈中表现优异的学生进行表彰，颁发奖状和发放奖品，主要针对取得较好成绩的学生、进步较大的学生、学习过程评估表现优异的学生等。学生也可以根据奖状领取积分卡，根据积分卡获得不同类型的奖励，例如我校举办的"逐梦想 '兑'未来"积分活动就是这种类型（图 5-1），以下是其活动方案。

图 5-1 "逐梦想 '兑'未来"积分活动

逐梦想　"兑"未来
——武汉市光谷第七初级中学"成长积分"兑换方案

"我进步，我快乐"。每次的周作业抽样反馈都是一个成长的阶梯，每天的成长都是离梦想更进一步。为了激励进步、表彰优秀，我们每个月开放一次"积分兑换日"，这份礼物只送给希望突破自我、收获成长的"你"！积分可以这么玩：

积分规则：每次获得表彰可获得 50 积分。兑换规则：每月可兑换一次，也可累计兑换，更可与好友共同冲击大奖！（学期末必须兑换完）兑换礼品：

（1）神秘大礼（600 积分），全校 10 个。

（2）豪华大礼（400 积分），每个年级 30 个。

（3）精美大礼（200 积分），每个年级 50 个。（精美太阳伞/球拍/跳绳）

（4）"确幸"好礼（100 积分），不限名额。（面包/文具套装/书袋/抽纸一提）

（5）如意好礼（50 积分），不限名额。（笔记本/奶茶/荧光笔）

积分派兑，快乐加倍！

武汉市光谷第七初级中学

2022 年 3 月 10 日

二、班级层面

（一）定量评估——等级评估

教师以等级的形式量化学生的学习过程和学习结果，并赋予不同等级不同的分数。教师还可以增加评估的维度，激发学生学习兴趣，许诺一定的积分也可以得到一定的奖励。

（二）定性评估——语言激励

教师可以在"周学习过程'微诊断'评估卡"中对学生一周的学习情况进行评估，以鼓励和建议为主，同时在班级宣传栏、家长群等地方展出。

（三）创意奖励——花式鼓励

教师可以以活动的形式对表现较好的学生进行奖励，例如红包、刮刮乐、奖状、抽奖等，设置有意义的奖励内容，让学生在娱乐的同时得到同学和老师的认可。

（四）物质奖励——神秘礼物

教师可购买具有一定教育意义的书籍、学习用具、奖杯、茶杯等，作为给予学生的礼物。这些礼物需要教师做一定的设计，例如有班级的logo、学生名字、学生头像等。

4. 评估内容多元化

学习过程"微诊断"评估是综合学生的学习习惯、学习表现、学习能力等方面，以独立性、主动性、互助性、创新性几个维度为主进行的评估。

（1）独立性：作业独立限时完成。

（2）主动性：按时完成作业并主动订正，敢于当"小老师"讲解题目。

（3）互助性：不懂就问或者乐意帮助他人。

（4）创新性：讲解题目过程中乐于分享自己独特的解法。

对于教师的评估内容主要以教学质量为载体，评估教师在教学过程中周作业抽样反馈的满分率、达标率、合格率，只提供数据不做评估，供教师教育教学、评优评先参考，不做排名等。

学习结果"微诊断"评估主要是以周作业抽样反馈的结果作为评估的载体，以等级的形式每周呈现给学生及家长，同时给予学生专属的建议和要求，以便更好地实现家校的交流互动。

5. 评估时机多元化

不管是教师、家长，还是学生自己，都应该掌握评估的时机，不是随便一个时间段都可以对学生的学习情况进行评估的。我校主要采用及时评估和延时评估，具体操作如下。

（1）及时评估。不同的评估方法产生的作用也是不同的，就及时评估来说，在实际教学中，学生总会遇到一些问题，其思维和行为也会发生一些变化，这些变化的出现很容易对学生产生影响。这时教师扮演的角色就非常重要。对于学生的评估要有目标，比如学生思考问题的思路不够清晰，教师就要及时发现问题，对学生进行评估指导，评估指导的话语应该简单明了，直接进入主题。同时，在及时评估的过程中，教师应该把握自己的语气和语调，这样才能够让学生感受到教师对自己的理解和关怀，而不是站在学生的对立面。教师应为学生塑造一个融洽的交流环境，才能够让学生释放自己的激情。

此外，教师与学生互动交流的过程也有利于及时评估的开展。教师和学生作为组成课堂的重要人员，是教学中缺一不可的存在，在这种情况下，教师对于学生的课堂评估更应该关注学生的表现。学生在课堂中，自己活跃的思维指引着自己一系列的行为，这些行为会产生不一样的结果。作为教师应该了解学生学习的规律，掌握评估的时机，对学生开展互动式的评估，从而让学生可以感受到学习的过程就是交流的过程，能够不断地在交流和评估中进步，而教师则营造和谐的课堂学习氛围，促使学生乐于学习，敢于参与。

（2）延时评估。在多元评估中，延时评估一般会用在学生有疑问、有自己的见解或者是问题有多个解答方法时。在学生有疑问时，教师要留出一定的评估时间，让学生去发现探索，去讨论，这样可以激发学生的求知欲和自主探索能力，然后教师再对学生进行评估，或者是让学生对自己进行评估。[①] 在学生对知识有自己的见解时，教师不能着急地否定学生，也不能妄下断言，认为课本和自己就一定是对的，而应给予学生发表自己看法的时间，让学生能够将自己的见解表达出来，让其他的学生也学会思考问题，这样教师会在学生的心中埋下一颗拥有无限的思维想象空间的种子。在教学中，常会遇到问题答案不止一种的现象，对于这种开放式的问题，教师采用延时评估的方法，可以鼓励学生表达出自己的想法，让学生能够相互启发，证明自己的想法是可行的，这可以有效地扩展学生的思维。总的来说，在多元评估下，对评估时机的把控是非常重要的，评估时机的多元化可以让教师看到学生不一样的一面，能够挖掘学生的潜能。

另外，在学习过程中，对于几个维度的评估，一般都是以周为单位进行各个学科的及时汇总，对于学生在学习过程中的优势和不足则是延时给予整体的评估和建议。

（二）"微诊断"的意义

1. "微诊断"是师生增进沟通交流的纽带

"微诊断"是师生交流学习问题的有效方式之一，例如在课前，教师可以以问答的方式设计课前"微诊断"，与个别学生进行交流，让学生感受到老师对自己的关注；在课后，教师就学习结果在"微诊断"表单上填写每一位学生的专属建议，让学生真切感受到教师对自己学习的重视，也能极大改善师生关系。

2. "微诊断"是学生提升学习动力的路径

"微诊断"的内容少、耗时短、形式多样，区别于传统的评估，可以大大

---

① 肖龙海，管颐. 新课堂：表现性学习与评估一体化 [J]. 课程·教材·教法，2017（3）：18-23.

减少学生因为测试带来的压力，其目的是了解学生学情，通过诊断结果，给予学生合适的建议，帮助学生找回学习动力，提升学习兴趣。

3. "微诊断"是教师实施有效教学的保障

课前"微诊断"是教师设定教学目标的基础，也是教师分析教学内容的依据，还是选择教学策略和教学活动的落脚点。全面而深入地进行"微诊断"的评估，可以让教师了解学生的知识储备和学习经验，掌握学生的认知特点、认知风格、学习动机和学习态度，从而更好地设计教学内容。而课堂活动集预设性和生成性于一体，教师可以通过课中"微诊断"分析学生课堂学习的情况和存在的问题，及时调整教学策略，弥补预案中的不足。通过"微诊断"与教学过程的融合，让"教"转换为"学"，从而增强了课堂的有效性。[①]

4. "微诊断"是教师专业快速成长的阶梯

每一位教师的认知结构、教学理念和教学风格一般在某一时期相对比较稳定，但是学生的学情却处于动态的变化中。学习过程"微诊断"评估是对上一次学习结果"微诊断"的延续，而学习结果"微诊断"评估又是下一次学习结果"微诊断"的基础。教师不断提升"微诊断"评估的过程，也是教师不断反思优化、提高教学质量、提升专业成长的过程。

第二节　学习过程"微诊断"

一、学习过程"微诊断"内容设计

（一）学习过程"微诊断"的含义

医学和教学有很多相似之处，"诊断"在医学中的解释是，在检查病人的

[①] 朱江华，程良宏，李欢欢. 生成性教学的实践落差与价值回归 [J]. 中国教育学刊，2016（4）：56-61.

症状之后判定病症及发展情况。而学习过程"微诊断"是教师为了使教学能够更好地适应学生情况，对学生在学习过程中表现的学习经验、学习态度和学习能力以不同的形式进行诊断和评估，并不断改进和优化自己的教学过程的行为。

我校"微诊断"耗时短、题目精，学习过程的"微诊断"有课前"微诊断"、当堂"微诊断"及周作业抽样反馈"微诊断"三个方面（图5-2）。

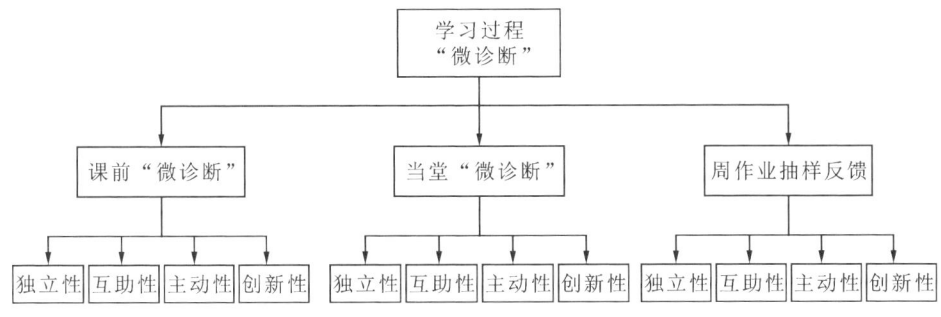

图5-2 光谷七初学习过程"微诊断"

学生、教师、家长、学校对于学生在学习过程中展现出的主要学习品质（独立性、互助性、主动性、创新性）进行评估，参考"学习过程'微诊断'内容评估标准"（见下文），教师在"微诊断"的过程中采用学生自评、学友互评、教师点评、家长回评等方式给予评估，以此强化学生在学习过程中表现的良好学习品质，并在学生之间形成互助互学的良好氛围，同时有利于教师实时了解学生学习情况，及时给予引导和帮助，从而达到提升学生学习兴趣，让学生在学习过程中有章可循、有样可依的目的。"微诊断"可以让教师在教学的过程中因材施教，使得每一位学生在学习过程中都可以获得自信，收获不同程度的学科知识。

（二）学习过程"微诊断"的意义

学习过程"微诊断"使得教师能适时了解学生学习动态，对于学习过程中表现较好的方面给予肯定和鼓励，对于存在的问题及时给予反馈和建议，教师当面或者以填写"学习过程'微诊断'评估卡"的形式，让学生及时发现自己的问题，尝试找到解决问题的方法，同时评估卡也是家校沟通的最好桥梁。

1. 学习过程"微诊断"提升了学生学习主动性

"微诊断"学习过程评估的教学实践，给学生提供了自主发展的时间和空间，调动了学生的学习积极性，充分发挥了学生的自主作用。通过学生自评让学生了解自己，敢于面对自己的不足。通过学友互评、教师点评，学生看到了自己学习的进步，为他们以后学习提供了强大的动力，可以激发他们变被动为主动，乐于参与到学习中来，乐于探究、乐于发现。

通过对学生独立性、自主性的评估，培养学生的独立意识、主动意识。很多学生通过改掉原来边做边讨论、边做边玩的习惯，完成作业的效率大大提升；很多学生敢于课堂主动回答问题，表达自己的观点；很多学生语言表达能力也增强了，能大胆向老师表现自己、展示自己，敢于发表与众不同的见解，敢于对他人的发言做评估和补充。通过对互助性的评估，师友不再像以前那样觉得给学友讲题是浪费时间，学友也不像以前那样只要答案不愿听讲解过程，师友二人开始主动互相讨论。

2. 学习过程"微诊断"增强了学生学习信心

"微诊断"学习过程评估可以在一定程度上增强学生的自信心，引导学生正确地看待自身的长处和不足。面对评价结果，很多学生因为反馈效果不好或自身不自信等原因，很少与同学和老师交流，即使是学习遇到了问题，也只是自己闷声研究，从不会主动地去请教同学和老师。而在学习过程"微诊断"评估中，教师没有放大反馈结果，而是作为一种诊断功能，通过学生自评、学友互评、教师点评、家长回评等多种方式，对学生的问题进行评估，更好地帮助学生发现问题、解决问题。同时，在评估的过程中，不仅有定量的等级评估，还有定性评估，让学生清晰地了解自己的诊断结果，明确诊断中出现问题的解决方案。教师可以从中发现学生的优势和不足，正确引导学生看待自身并发挥优势；对于不足之处，让学生能够在日常学习中学会总结和改进，为以后的学习奠定良好的基础。教师和家长也会在点评中写一些鼓励和引导的话语，在一定程度上能给学生打气加油，增强学生学习的信心。

3. 学习过程"微诊断"评估提高了教师教学效率

在学习过程"微诊断"评估过程中，教师会根据反馈结果及时改善自己的知识结构，指导学生开展自主性、探究性学习，创设丰富的教学情境，改变教学策略，由重知识传授向重学生发展转变，由重教师"教"向重学生"学"转变，由重结果向重过程转变，有利于教师对课堂教学及时调控，优化课堂教学。学习过程"微诊断"评估不仅增强了学生自主学习、主动探索的意识，而且有利于教师根据评估结果及时反馈，因势利导，把学生在学习中不懂的共性题目逐一进行讲解，从而大大提高课堂教学效率。

在周作业抽样反馈中，学校也会根据学生的反馈结果对教师所带班级的教学质量进行评估，教师横向比较找差距，纵向比较寻方法，在一定程度上倒逼教师调整教学内容，优化教学策略，从而提升课堂效率。

4. 学习过程"微诊断"评估提升了学校教学质量

著名的教学评价专家斯塔佛尔姆曾说，评价不在于证明，而在于改进。因此，我们以"微诊断"为载体，强化学习过程评估。在教学的每个环节，教师都要积极发挥评估的魅力，使评估的价值最大化，让学生不再畏惧考试，不再讨厌考试，而是把重点放在"微诊断"的前期准备，以及后期的思考订正上。通过对"微诊断"学习过程的评估，让学生在凸显自身学习主体地位的基础上产生更为强烈的学习激情和浓厚兴趣，使课堂教学充满趣味性、挑战性，让学生独立自主地去完成学习任务，务实求真，从而有效提高课堂教学效果，提升教学质量。

（三）学习过程"微诊断"内容设计标准

"微诊断"内容的设计首先要关注学生对教学目标的完成情况；其次要了解学生对教学重难点的突破情况；再次要给予学生正面的引导和鼓励；最后要给学生提供可行、易操作的建议。

我校学习过程"微诊断"评估的维度及标准如下，各学校或者学科可以根据自己的特点进行调整。

1. 独立性

独立完成教师布置的课前预习任务，若在家完成需要家长签字确认，若在学校完成由教师监督，师友互相评估或小组学科组长评估。若不需要课前自测，则无须评估。评估标准如下。

等级 A＋：独立完成课前自测，不抄袭，不讨论，而且答案全部正确。

等级 A：独立完成课前自测，错误较少。

等级 A－：未完成课前自测，或错误率较高，或存在抄袭，或边做边讨论。

2. 主动性

教师讲解课前自测题目过程中，学生主动交流展示自己的解答过程。若教师只安排师友互助讲解，没有要求学生讲解，则无须评估。评估标准如下。

等级 Ａ＋：主动展示讲解解题过程，并且得到老师或者同学们的认可。

等级 Ａ：主动展示讲解解题过程，但是存在小错误；或者被老师点名讲解题目，并且得到老师或者同学们的认可。

等级 Ａ－：被老师点名分享课前自测题目的解题过程，存在错误。

3. 互助性

针对课前自测中不会的题目，学友主动请教师友，师友耐心为学友讲解，若师友、学友均未错误，则均登记 Ａ＋。评估标准如下。

等级 Ａ＋：学友主动请教师友，师友耐心讲解，按时订正自测中的错题。

等级 Ａ：学友请教师友，师友给予讲解，订正自测中的错题，但不够主动或者订正后依然有错误。

等级 Ａ－：学友不听师友讲解，或者抄袭答案，或者不按时订正，师友讲解没有耐心、敷衍，或者给学友答案供其抄袭等。

4. 创新性

学生在学习的过程中对于知识的理解、题目的解法等有不一样的见解，或者有比较好的解题方法，主要体现在思维和方法上。

等级 Ａ＋：愿意主动分享自己不同的解题方法，或愿意主动优化教师或其他同学的解题方法，并解题过程正确。

等级 Ａ：愿意分享自己不同的解题方法，或愿意优化教师或其他同学的解题方法，但解题过程不完全正确。

等级 Ａ－：不愿意分享自己不同的解题方法，或不愿意优化教师或其他同学的解题方法，或解题过程错误，或以上均无。

（四）学习过程"微诊断"内容设计步骤

第一步：明确教学目标及重难点。列出提纲，课前"微诊断"以基础的教学目标为主，检测学生自主学习的能力；课中"微诊断"以重难点的突破情况为主，了解学生在课堂中的学习情况。

第二步：设计诊断内容。设计的内容可以是具体的题目，也可以是开放性的问题，还可以是用于了解学生的想法的小问题等，要求学生完成时间控制在5～10分钟，甚至更短。内容的设计不需要面面俱到，能够反映出学生学习的情况即可。

第三步：建立学习过程"微诊断"评估卡。根据评估的标准，结合学科特点，设计并建立学习过程"微诊断"评估卡。

第四步：填写学习过程"微诊断"评估卡。评估卡的填写主要是师友互相评估，教师点评并提出建议，每周五交给家长查阅，家长再根据情况与教师进行交流沟通。

二、学习过程"微诊断"内容设计案例

图 5-3 所示是"直接开平方法解二元一次方程"的课前"微诊断"内容设计示例。

环节一
课前检测

1.如果 $x^2=a$，则 x 叫作 a 的 _____；

2.如果 $x^2=a$（$a \geqslant 0$），则 $x=$ _____；

3.如果 $x^2=64$，则 $x=$ _____；

4.任何数都可以作为被开方数吗？

5.课本第6面练习

图 5-3　课前"微诊断"内容设计示例

图 5-4 所示是"无刻度直尺作图—线段分点"的课中"微诊断"内容设计示例。

环节三
重难点
突破

★★3-2.如图，在7×5的小正方形网格中，A，B，C 均为小正方形的顶点，仅用无刻度的直尺作将△ABC绕点A顺时针旋转α后的三角形，其中旋转角$\alpha = \angle ACB$

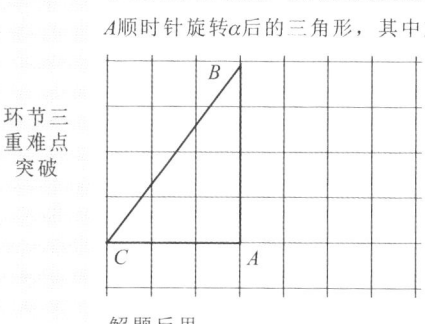

解题反思

图 5-4　课中"微诊断"内容设计示例

三、学习结果"微诊断"内容设计

（一）学习结果"微诊断"的含义

学习结果"微诊断"（周作业抽样反馈）是多元化的学习过程"微诊断"之后，对学生的学习结果、教师的教学效果以一周为单位的一次"微诊断"。"微诊断"主要从时间、内容两个维度体现，时间少、易操作，内容精而有实效。学习结果"微诊断"（周作业抽样反馈）在时间上每个学科限时 20 分钟，道法、历史合卷限时 20 分钟，物理、化学单双周交替限时 20 分钟；内容精则主要体现在，课前"微诊断"的题目是抽检学生自主预习的可以在课本上寻到答案的基础性题目，课中"微诊断"的题目是抽检本节课中的重点知识，而学习结果"微诊断"（周作业抽样反馈）的题目是抽检学生一周的错题及其简单改编的题目。"微诊断"不管是从时间上还是从内容上，都不会给学生带来传统检测中存在的较大压力，相反，它在一定程度上不仅给学生一定的信心，还可以为教师改进教学提供依据。它虽然"微"，但是在快速发展的信息化时代有着不可替代的作用。

（二）学习结果"微诊断"的意义

1. 有利于减轻学生的学习压力

传统的考试一般都是以中考为标准设置考试时间和考试科目，不管在时间上还是内容上都会给学生一定的压迫感，而"微诊断"突出"微"，课前、课中"微诊断"都控制在 5～10 分钟，周作业抽样反馈每一个学科的时间最多 20 分钟，对于小学科例如物理、化学、道德与法治、历史会适当调整。通过 20 分钟的"微诊断"，可以快速了解到学生对于本周的重点知识的掌握情况，便于更好地查漏补缺，开展教学。个性化问题可以借助师友互助、小组合作或者教师一对一帮扶解决，共性问题则需要教师进一步加强巩固，这在一定程度上可以增强学生学习的信心，减少不会的题目给学生造成的压力。

学生是可以提前知道"微诊断"中的题目的，大部分也是学生做过的题目或者其简单变形，教师会安排学生预习、复习的时间，主动权是把握在学生自己手里的。对于优等生来说，更多的是训练其对知识整体的把握以及提升作业的效率；对于中等层次的学生来说，只要认真整理、复习错题，就可以获得高分，甚至满分；对于后进生来说，重复练习错题会减弱其畏难情绪，可以激发学生学习的兴趣，减少学习压力。

2. 有利于提升学生的解题能力

在"微诊断"内容设置较好的情况下，长期的坚持可以有效地提升学生的解题能力，因为学生对于这些题目并不陌生，但是又不一定可以全部做对，即使全部会做也可能耗时较长，这个时候"微诊断"容易激发学生做下去的动力，只要学生敢于尝试，就一定有拿满分的可能。当然教师会对题目进行改编，以免有的学生背诵答案，让"微诊断"失去原本的意义。

复习备考阶段，教师会根据复习的内容以考试的题型设置"微诊断"题目，以达到培养学生限时完成某个专题或者某类题型的目的。以"微诊断"的形式对学生进行长期训练，可以在潜移默化中提升学生的解题能力和应试能力。

3. 有利于提升教师的教学质量

传统的考试虽然可以做到全面检测学生对于知识的整体掌握情况，但是耗时较长，周期较长，批阅任务繁重，不能及时反馈学生在学习过程中遇到的问题，也不利于教师发现教学过程中存在的问题，即使发现问题，但因周期较长，教师需要花较多的时间给学生加强和巩固。对于大部分学生而言，在考试中丢分的主要原因不是难题不会做，而是会做的题目却不能拿满分，其中很大的原因就是基础知识、基本技能不过硬，"微诊断"应时而生，正好可以缓解这个问题，当天的学习任务及时确立，一一突破，减少因长期积累的问题给学生造成的巨大压力；而对于学生一周中学习中的错题，教师则以周作业抽样反馈的形式在每周一进行学习结果"微诊断"。不管是限时作业中学生的易错点，还是课堂中教师讲解的重难点，教师都加以整理并制成题目，让学生错题重复做，可以大大提升教师的教学质量。题目的命制非常考验教师的专业技能，以备课组为单位互帮互助，倒逼教师提升命题能力，也能进一步提升教师的教育教学能力。

（三）学习结果"微诊断"内容设计标准

内容上，以本周作业中学生出现错误较多的重难点知识为主。例如，九年级备考期间以专题为主，内容控制在 10～20 分钟，根据学科特点进行调整，也可以设置选做项目。

形式上，可以是要求独立完成的诊断题目，也可以是合作完成的诊断项目；可以是书面的，也可以是口头交流形式、活动形式、手抄报形式或者汇报形式等。

格式上，一般根据学科特点固定题型和分值，可以长期固定，也可以根据年级或者内容短期固定，主要是方便了解学生学习的动态过程及其稳定性，有利于教师给予学生合理的教学建议。

学科及综合等级评估标准如下。

A＋：分数从高到低排序，以40％人数划线，分数在此线及以上。

A：分数从高到低排序，以70％人数划线，分数在40％～70％之间，包括70％。

A－：分数从高到低排序，以70％人数划线，分数在此线以下。

（四）学习结果"微诊断"内容设计的步骤

第一步，收集学生一周作业中常见的典型错题；第二步，设计诊断内容，诊断内容是学生易错题目、重点题目的原题或者简单的变形；第三步，设计并建立学习结果"微诊断"评估卡，评估卡要根据评估的标准，结合学科特点设计；第四步，填写"第＿＿周学习结果'微诊断'评估卡"（表5-1）。评估卡主要是师友互相评估以及教师点评、提出建议，每周五交给家长查阅，家长再根据情况与教师进行交流沟通。

表5-1　第＿＿周学习结果"微诊断"评估卡

第＿＿周学习结果"微诊断"评估卡　　　　姓名：＿＿＿＿

学科	语文	数学	英语	道法	历史	物理	化学	综合
等级								
存在问题								
改进措施								
下周目标								
家长签字								

四、学习结果"微诊断"内容设计案例

（一）光谷七初七年级语文学科周作业抽样反馈（第十二周）

一、默写古诗词，解释文言文实词含义（9分）

1. ＿＿＿＿＿＿＿＿＿，我言秋日胜春朝。

2. ＿＿＿＿＿＿＿＿＿，却话巴山夜雨时。

3. 僵卧孤村不自哀，＿＿＿＿＿＿＿＿＿。

4. ＿＿＿＿＿＿＿＿＿，铁马冰河入梦来。

5. ＿＿＿＿＿＿＿＿＿，秋风吹散马蹄声。

6. 及其家穿井　　　　及：＿＿＿＿＿＿＿

7. 闻之于宋君　　　　闻：＿＿＿＿＿＿＿

8. 因往晓之　　　　　晓：＿＿＿＿＿＿＿

9. 若屈伸呼吸　　　　若：＿＿＿＿＿＿＿

二、完成下面的选择题（20分）

① 骑行正在成为一股新潮流。从北京的长安街，到上海的武康路、成都的天府绿道、广州的阅江路碧道……成千上万辆自行车俨然成了一道流动的风景线，自行车重新获得了人们的青睐。

② 自行车曾是中国人生活中最重要的交通工具。电动车、私家车、地铁、网约车等多元出行方式不断出现，随着经济社会发展，使自行车进入不可避免的发展的低谷期。当下，骑行被＿＿＿＿＿＿＿新的价值，不少年轻人为＿＿＿＿＿＿＿自己的个性与腔调，加入了这股骑行大军。一辆自行车价格动辄上万，甚至数十万；自行车各种后期配色、搭配、改装，改造成自己喜欢的样子；骑行装备也越来越专业，搜索量和销售量都持续＿＿＿＿＿＿＿；年轻人＿＿＿＿＿＿＿打卡"出片"，以骑行作为社交工具……

③ 当然，就像马拉松的兴起一样，骑行潮的风行，也有着特定的社会因素。首先，自行车出行更加轻便自由、绿色环保，不仅可以告别早晚高峰的一路红灯，远离地铁里的你推我搡，还可以为城市环保低碳做一分贡献。其次，骑行是一种健康的运动方式，健身房关了不要紧，骑行照样可以减脂增肌、汗如雨下。再次，骑行是一种快乐的生活方式，那种无拘无束、风驰电掣的感觉令人"上瘾"，成了释放压力的一个绝佳出口，让人变得松弛，连心情都开朗了许多。

④ 从"三大件"之一，到大众出行的代步工具，再到成为绿色生活新风尚【A】这种新型城市运动带动了公众的健康意识【B】形成了新的社交社群【C】刺激了自行车及其上下游产业【D】也带来了新的公共服务诉求：要有合适的慢行路和交通信号系统，要增加绿荫覆盖和休息驿站。这些诉求所指向的生态性与人文性，其实就是城市现代化走向成熟的标识，只不过由一项运动"提出"了而已。

⑤ 听听骑行者的声音，其实就是听听城市未来的风声。

10. 下列选项中，字形有误的一项是（　　　）。

A. 俨然　　　　　　　　　　B. 青睐

C. 上瘾　　　　　　　　　　D. 松弛

11. 下列依次填入文中横线处的词语，恰当的一项是（　　　）。

A. 授予　凸显　提升　热衷　　B. 赋予　彰显　攀升　热衷

C. 授予　彰显　提升　热爱　　D. 赋予　凸显　攀升　热爱

12. 下列括号中填入的标点符号，不正确的一项是（　　　）。

从"三大件"之一，到大众出行的代步工具，再到成为绿色生活新风尚【A】这种新型城市运动增强了公众的健康意识【B】形成了新的社交社群【C】刺激了自行车及其上下游产业【D】也带来了新的公共服务诉求：要有合适的慢行路和交通信号系统，要增加绿荫覆盖和休息驿站。

A. 。　　　　　　　　　　　B. ，

C. ，　　　　　　　　　　　D. ，

13. 下列对文中画波浪线句子的修改，正确的一项是（　　　）。

A. 电动车、私家车、地铁、网约车等多元出行方式不断出现，随着经济社会发展，使自行车不可避免地进入发展的低谷期

B. 电动车、私家车、地铁、网约车等多元出行方式不断出现，随着经济社会发展，自行车进入不可避免的发展的低谷期

C. 随着经济社会发展，电动车、私家车、地铁、网约车等多元出行方式不断出现，自行车不可避免地进入了发展的低谷期

D. 随着经济社会发展，电动车、私家车、地铁、网约车等多元出行方式不断出现，使自行车进入不可避免的发展的低谷期

14. 将"这些与以往不同的新特质，都说明骑行已经成为一种新型的生活文化符号、一种生活审美的自我表达"还原到文中，最恰当的一处是（　　　）。

A. 第①段结尾　　　　　　　B. 第②段结尾

C. 第③段结尾　　　　　　　D. 第④段结尾

三、完成下列文言文题目（16分）

承宫樵薪苦学

承宫，琅邪①姑幕人。少孤，年八岁，为人牧猪。乡里徐子盛明《春秋》经，授诸生数百人。宫过其庐下见诸生讲诵好之因忘其猪而听经。猪主怪其不还，求索。见而欲答之。门下生②共禁，乃止。因留宫门下。樵薪执苦，数十年间，遂通其经。

【注】① 琅邪：古郡名，在今山东境内。② 门下生：学舍里的学生。

15. 下列对文中画波浪线部分的断句，正确的一项是（　　）。

A. 宫过其庐/下见诸生讲诵/好之因/忘其猪而听经

B. 宫过其庐下/见诸生讲诵/好之/因忘其猪而听经

C. 宫过其庐/下见诸生讲诵/好之/因忘其猪而听经

D. 宫过其庐下/见诸生讲诵/好之因/忘其猪而听经

16. 下列对文本内容的理解，不正确的一项是（　　）。

A. 承宫很小的时候父亲死了，八岁就帮别人干活

B. 猪的主人看到承宫因听讲经书而忘记了猪，就用竹鞭打了承宫

C. 承宫一边劳动，一边学习，很多年后精通了《春秋》

D. 从这篇文章中可以看出承宫是一个好学、认真、勤奋的人

17. 将文中画横线的句子翻译成现代汉语。

猪主怪其不还，求索。

（二）光谷七初七年级数学作业周抽样反馈（第一周）

1. 在 $\frac{1}{2}$、+4、π、0、−0.5中，表示有理数的有（　　）。

A. 2个　　　　　　　　　　　B. 3个

C. 4个　　　　　　　　　　　D. 3个

2. 一条鲸鱼位于水下100米处，记作−100米，而一条鲨鱼在鲸鱼上方70米处，则鲨鱼所处的位置记为（　　）。

A. +70米　　　　　　　　　　B. −70米

C. +30米　　　　　　　　　　D. −30米

3. A为数轴上表示−5的点，将A沿数轴向左移动2个单位长度到B点，则B点到原点的距离为（　　）。

A. 3　　　　　　　　　　　　B. 7

C. -3 D. -7

4. 大于-3.5，小于2.5的整数共有（　　）个。

A. 6 B. 5

C. 4 D. 3

5. $-\dfrac{1}{3}$的相反数是（　　）。

A. $\dfrac{1}{3}$ B. $-\dfrac{1}{3}$

C. -3 D. $+3$

6. 质检员抽查某零件的质量，超过规定尺寸的记为正数，不足规定尺寸的记为负数，结果第一个0.23mm，第二个-0.21mm. 第三个0.19mm，第四个-0.18mm，则质量最好的零件是（　　）。

A. 第一个 B. 第二个

C. 第三个 D. 第四个

7. 如果一个数的相反数比它本身大，那么这个数为（　　）。

A. 正数 B. 负数

C. 整数 D. 不等于零的有理数

8. 已知$|a|=3$，$|b|=2$，且$b>a$，则$a+b=$（　　）。

A. 5 B. -5

C. 1 或 5 D. -1 或 -5

（选做）9. 若x表示有理数，则$|x|+x$的值为（　　）。

A. 正数 B. 非正数

C. 负数 D. 非负数

10. 2 的相反数为＿＿＿＿＿；-5的绝对值为＿＿＿＿＿；$-\dfrac{1}{2}$的倒数为＿＿＿＿。

11. 化简$-|-3|=$＿＿＿＿。

12. 绝对值大于2且小于5的所有负整数的和是＿＿＿＿。

13. 若$b=-3$，则$-[+(-b)]$的值为＿＿＿＿。

14. 若a、b都为整数，且$|a-1|+|b-2|=0$，则$a+b=$＿＿＿＿。

15. 若$|a|>|b|$，且$a<b<0$，那么a、b、$-a$、$-b$的大小关系是＿＿＿＿。

（选做）16. 下列说法：① 数轴上表示a和$-a$两个数的点一定在原点的两侧；② 一个数的绝对值越大，在数轴上表示它的点离原点越远；

③ 正数一定大于负数；④ 没有最大的正整数。其中一定正确的说法是__

_____ （填序号）。

17. 在数轴上标出下列各数，并将它们用"＜"连接起来。

+2.5，−3，1.5，−2.5，0，0.75

18. 把下列各数填入相应的集合中：+2.5，−3，0，$-3\frac{1}{2}$，

−1.414，−17，$\frac{2}{3}$，π，2020

　　负数：{　　　　　　　　　　　　　　　　　}

　　正整数：{　　　　　　　　　　　　　　　　}

　　负分数：{　　　　　　　　　　　　　　　　}

　　分数：{　　　　　　　　　　　　　　　　　}

　　有理数：{　　　　　　　　　　　　　　　　}

（选做）19. 疫情时期某医用器材抓紧时间生产口罩，该厂职工小明一周计划生产 3500 个口罩，平均每天生产 500 个口罩。由于各种原因，实际每天生产量与计划量相比有出入。下表是小明某一周的生产情况（超过计划量记为正，未达到计划量记为负）：

工作日	星期一	星期二	星期三	星期四	星期五	星期六	星期日
数量	+24	−12	−5	−3	+17	+9	−4

（1）前三天共生产口罩多少个？

（2）产量最多的一天比产量最少的一天多生产多少个口罩？

（3）该厂实行计件工资制，每生产一个口罩可获得 0.3 元，若超额完成，则超过计划量的部分每个再另奖 0.2 元，若没有达到计划量则每少一个扣 0.1 元，求这周小明的工资总额是多少？

（三）光谷七初九年级英语学科周作业抽样反馈（第二周）

听力理解

1. What are the speakers mainly talking about?

A. Saving water

B. How to wash hair quickly

C. The advantage of short hair

2. What time is it now?

A. 5：15　　　　　　　　　　　　B. 4：45

C. 4：15

3. Where is the woman going this weekend?

A.

B.

C.

4. What can we learn from the conversation?

A. The man likes eating outside

B. The woman refused the man this morning

C. The woman can't eat out with the man now

5. Who will probably lock the door?

A. The man   B. Mary

C. The woman

6. How does the man feel about the bus service?

A. So-so   B. Great

C. Dissatisfied

7. What do the man's parents want him to be?

A. A teacher   B. A doctor

C. A scientist

8. Which subject is Jack best at?

A. Science   B. French

C. History

9. What does the woman advise the man to do?

A. Talk to his parents   B. Study medicine

C. Take the exam again

10. Where are the speakers going in the end?

A. To the Fashion center   B. To the town center

C. To clothes for less

11. What can we learn from the conversation?

A. They will take a bus to Dave's

B. The man's mother doesn't allow him to drive the car

C. The clothes in the fashion center are not cheap but of good quality

12. What will Tim have for lunch?

A. Sandwiches and salad   B. Sandwiches and soup

C. Dumplings and a sandwich

13. Who is talking to Tony now?

A. A reporter   B. Tony's friend

C. A coach

14. What does Tony like best about being a football star?

A. The football cup   B. The excellent pay

C. Training for the game

15. If Northern City wants to win，how many goals should they scored at least?

A. Three   B. Four

C. Seven

16. Which team will most probably get the cup?

A. Tony's team   B. Northern City

C. Neither

17. When did a teacher discover Morphy?

A. In 1982   B. In 2013

C. In 1996

18. What was the turning point in Morphy's career?

A. Joining the school singing group

B. Releasing（发行）a few records

C. Taking part in a TV singing contest

19. What can we know about Morphy from the text?

A. Her musical career was full of ups and downs

B. She was second to none in the singing contest

C. She was born and grew up in New York

（四）光谷七初九年级物理学科周作业抽样反馈（第五周）

1. 下列关于能源的说法错误的是（   ）。

A. 太阳能电池板将太阳能转化成电能

B. 核反应堆中发生的是热核反应，因此能获得巨大的能量

C. 电能是通过化石能源、水能、核能等其他能源转化而来的，是二次能源

D. 化石能源、核能等能源会越用越少，是不可再生能源

2. 天舟四号货运飞船正在靠近由天和核心舱与天舟三号货运飞船组成的空间站组合体，即将完成自主交会对接。下列说法错误的是（   ）。

A. "天舟三号"相对于"天舟四号"是静止的

B. "天舟三号"相对于"天和核心舱"是静止的

C. "天舟四号"相对于"天舟三号"是运动的

D. "天舟四号"相对于"天和核心舱"是运动的

3. 某同学用托盘天平和量筒测量某液体的密度，图 a 是调节天平时的情形，天平调平衡后，先测空烧杯的质量为 35g，然后按照图 b 和图 c 的顺序分别测量液体质量和体积，下列说法错误的是（   ）。

A. 图 a 中应将平衡螺母向右调，使横梁平衡

B. 图 b 中测酒精质量时，天平的读数是 62g

C. 测得酒精的密度是 $0.9g/cm^3$

D. 用该方法测量酒精的密度偏小

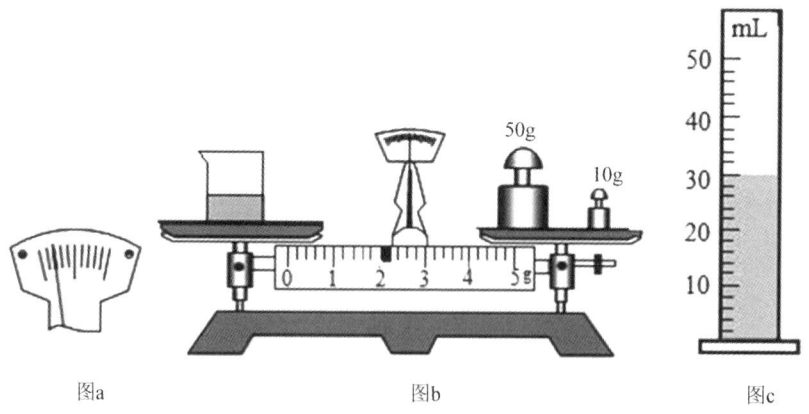

图a   图b   图c

4. 某同学利用如下图所示的器材做实验，先用焦距为 9cm 的凸透镜甲进行实验，在光屏上得到了烛焰清晰缩小的实像。接下来他改用焦距为 20cm 的凸透镜乙进行实验，要在光屏上得到烛焰清晰的像，下列操作可行的是（　　）。

A. 保持蜡烛和凸透镜的位置不变，将光屏向右移动

B. 保持凸透镜和光屏的位置不变，将蜡烛向左移

C. 保持凸透镜的位置不变，将蜡烛和光屏均向左移动

D. 保持蜡烛、凸透镜和光屏的位置不变，在蜡烛和凸透镜之间放一个合适的近视眼镜

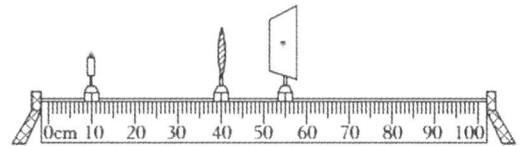

5. 新型智能手机无线充电技术应用了电磁感应原理，当交变电流通过充电底座中的线圈时，线圈产生磁场，带有金属线圈的智能手机靠近该磁场（如下图）就能产生电流，通过

"磁生电"来实现充电。下列设备也是利用"磁生电"原理工作的是（　　）。

A. 扬声器　　　　　　　　B. 动圈式话筒

C. 电烙铁　　　　　　　　D. 电磁起重机

（六）光谷七初九年级化学学科周作业抽样反馈（第十一周）

甲、乙、丙三种固体物质的溶解度曲线如下图所示。

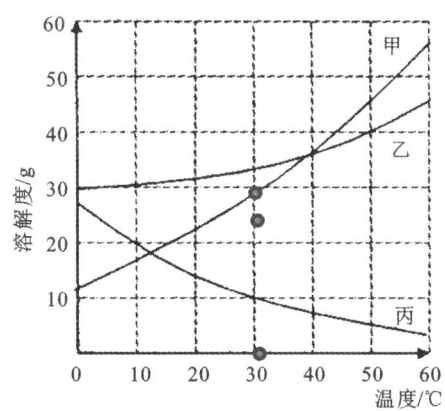

1. 饱和溶液问题

（1）50℃时，乙物质的溶解度为＿＿＿＿。

（2）50℃时，将30g乙溶于50g水，所得溶液质量为＿＿＿＿，溶质质量分数为＿＿＿＿。

（3）50℃时，将35g乙饱和溶液稀释成10％，需加入水的质量为＿＿＿＿＿＿＿。

（4）50℃时，将丙的不饱和溶液变成饱和溶液，可采取的方法是＿＿＿＿＿＿＿、＿＿＿＿＿、＿＿＿＿＿＿。

2. 曲线趋势问题

（1）乙的饱和溶液中含有少量的甲，由该溶液中得到固体乙，采用的方法是＿＿＿＿＿＿；

（2）甲的饱和溶液中含有少量的乙，由该溶液中得到固体甲，采用的方法是＿＿＿＿＿＿；

（3）丙的饱和溶液中含有少量的甲，由该溶液中得到固体丙，采用的方法是＿＿＿＿＿＿。

3. 固定点问题

50℃时等质量的甲、乙、丙的饱和溶液中，恒温蒸发20g的水析出晶体的质量由大到小是＿＿＿＿＿；溶解度由大到小是＿＿＿＿＿；溶质的质量分数由大到小是＿＿＿＿＿。溶质的质量由大到小是＿＿＿＿＿；溶剂的质量由大到小是＿＿＿＿＿。

4. 移动点问题

50℃时等质量甲、乙、丙的饱和溶液，降低温度到40℃，溶解度由大到小是＿＿＿＿＿；溶质的质量分数由大到小是＿＿＿＿＿。析出固体的质量由大到小是＿＿＿＿＿；溶液的质量由大到小是＿＿＿＿＿；溶剂的质量由大到小是＿＿＿＿＿。

5. 仪器填空

过滤所需仪器：＿＿＿＿＿、＿＿＿＿＿、＿＿＿＿＿、＿＿＿＿＿。

蒸发所需仪器：＿＿＿＿＿、＿＿＿＿＿、＿＿＿＿＿、＿＿＿＿＿。

用固体配置一定质量分数溶液所需仪器：＿＿＿＿＿、＿＿＿＿＿、＿＿＿＿＿、＿＿＿＿＿、＿＿＿＿＿、＿＿＿＿＿。

（七）光谷七初七年级历史周作业抽样反馈（第四周）

1. 选择题（每题2分，共10分）

（1）（2023上·河北张家口·七年级统考期末）2009年12月在河南

安阳县安丰乡发现曹操陵墓。曹操是我国历史上杰出的政治家、军事家、文学家。下列事件不是曹操所为的是（　　　）。

A. 220 年，改国号为魏，定都洛阳

B. 官渡之战以少胜多大败袁绍，为统一北方奠定基础

C. 与孙权、刘备联军战于赤壁

D. 迎汉献帝到许昌，"挟天子以令诸侯"

（2）（2020 上·重庆·七年级校联考阶段练习）西晋时期，内迁的五个少数民族不包括（　　　）。

A. 氐族　　　　　　　　B. 蒙古族

C. 鲜卑族　　　　　　　D. 羌族

（3）（2023 下·山西临汾·七年级校联考阶段练习）三国是我国历史上一段承上启下的历史时期，主要是魏、蜀、吴三个政权之间政治、军事和相互交往上的各种矛盾冲突的史实。对这段历史描述最可靠的是（　　　）。

A. 《三国演义》　　　　　B. 《三国志》

C. 《徐霞客游记》　　　　D. 《水浒传》

（4）（2019 上·七年级单元测试）曹操统一北方的原因有（　　　）。

① "挟天子以令诸侯"，取得政治上的优势

② "唯才是举"，重用人才

③ 实行屯田

④ 官渡之战，以少胜多，大败袁绍

A. ①②　　　　　　　　B. ③④

C. ①②③　　　　　　　D. ①②③④

（5）（2020 上·山东聊城·七年级统考期末）《晋书·刘元海载记》匈奴左贤王刘宣等私议："今司马氏骨肉相残，四海鼎沸，兴邦复业，此其时矣。"材料中的"司马氏骨肉相残"指的是（　　　）。

A. 八王之乱　　　　　　B. 西晋灭吴

C. 七王之乱　　　　　　D. 五胡乱晋

2. 非选择题（共 10 分）

（6）（人教版部编七年级上册第四单元三国两晋南北朝：政权分立与民族交融历史试题）魏晋南北朝时期是我国古代的社会大分裂时期，战争给人民带来了灾难和痛苦，但同时也促进了各地区各民族之间文明的交流与传播。今天，就让我们一起来探究这段非凡的历史吧。

✏ **识图联想**

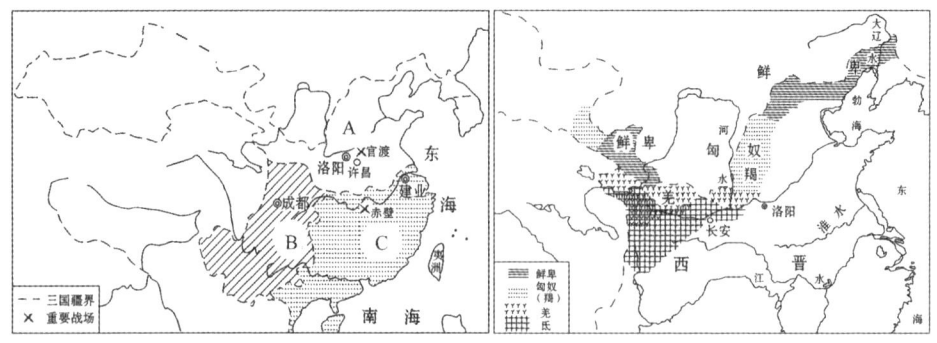

图一　三国鼎立形势图　　　　图二　西晋少数民族内迁形势图

① 将字母代表的国家填写在下面横线上。（3分）

A. _____；B. _____；C. _____。

✏ **应用创新**

材料一　"收二川，排八阵，六出七擒，五丈原前，点四十九盏明灯，一心只为酬三顾；取西蜀，定南蛮，东和北拒，中军帐里，变金木土爻神卦，水面偏能用火攻。"

——南阳武侯祠联

材料二　敕勒川，阴山下，天似穹庐，笼盖四野。天苍苍，野茫茫，风吹草低见牛羊。

——南北朝民歌《敕勒川》

② 根据材料一对联并结合图一，分析此对联颂扬的人物是谁。"水面偏能用火攻"指的是哪一历史事件？（4分）

③ 根据图二和材料二，说说在南北朝时期北方出现了怎样的趋势。（3分）

（八）光谷七初九年级道德与法治周作业抽样反馈（第八周）

1. 填空题

（1）中国梦的内涵：_____

_____。

（2）_____以来，中国特色社会主义进入了新时代，这是我国发展新的_____。

（3）经过全党全国各族人民持续奋斗，我们已经实现了第一个百年奋斗目标_____。从 2020 年，到本世纪中叶可分为两个阶段，第一个阶段，从 2020 年到 2035 年，_____，第二个阶段，从 2035 年到本世纪中叶，_____。

（4）实现中华民族伟大复兴的中国梦，必须坚持中国共产党领导，统筹推进_____、_____、_____、_____、_____"五位一体"总体布局，协调推进_____、_____、_____、_____"四个全面"战略布局，贯彻_____、_____、_____、_____、_____的新发展理念。

（5）我们要坚定_____自信、_____自信、_____自信、_____自信。

2. 选择题

（1）2022 年 11 月 29 日，神舟十五号载人飞船发射升空，航天员邓清明坚持 24 年 10 个月终圆飞天梦。如果你有机会跟邓清明连线，你会对他说（　　）。

①"我们要像您一样坚持不懈，为实现中国梦努力奋斗！"

②"我们向您致敬，要像您一样弘扬伟大的中国精神！"

③"我们只有掌握最尖端的航天科学技术，才能报效祖国！"

④"我们要坚定自信，意气风发地向着第一个百年目标奋进！"

A. ①②　　　　　　　　　　B. ①③

C. ②③　　　　　　　　　　D. ③④

（2）习近平在清华大学考察时寄语广大青年："要肩负历史使命，坚定前进信心，立大志、明大德、成大才、担大任，努力成为堪当民族复兴重任的时代新人，让青春在为祖国、为民族、为人民、为人类的不懈奋斗中绽放绚丽之花。"这告诉我们（　　）。

A. 人生的价值取决于是否担当大任

B. 拥有美好梦想，就能实现人生目标

C. 实现个人的梦想，就是实现中国梦

D. 要坚定理想信念，投身实现中国梦的伟大实践

（3）新冠疫情期间，来自全国各地的340多支医疗队、4.2万名医护人员驰援湖北战"疫"前线，日夜奋战，同时间赛跑，与病魔较量。这些新时代"最美逆行者"（　　）。

① 力证了实现中国梦需要凝聚中国力量

② 全面继承了中华传统道德

③ 践行了爱国、敬业、诚信、友善的价值准则

④ 弘扬了以自强不息为核心的时代精神

A. ①③　　　　　　　　　B. ①④

C. ②③　　　　　　　　　D. ②④

（4）下面的时间轴对应的是我国各个阶段经济和社会发展的战略目标，下列表述正确的是（　　）。

A. ①是全面建成小康社会

B. ②是新中国成立100周年的奋斗目标

C. ③是基本实现社会主义现代化

D. ④是建党100周年的奋斗目标

（5）实现中国梦必须凝聚中国力量。这里的"中国力量"是指（　　）。

A. 全国各族人民大团结的力量

B. 全面依法治国、全面从严治党

C. 经济实力、科技实力、国防实力

D. 中华文明生生不息、中国精神薪火相传

（6）习近平在庆祝改革开放40周年大会上指出："方向决定前途，道路决定命运。我们要把命运掌握在自己手中，就要有志不改、道不变的坚定。"这里的"道"是指（　　）。

A. 可持续发展道路

B. 中国特色社会主义道路

C. 改革开放之路

D. 资本主义道路

第三节 "微诊断"操作流程

一、学习过程"微诊断"实施原则

（一）确立评估地位，保障评估时间

进行"微诊断"的实验班在每次课前"微诊断"、课中"微诊断"、周作业抽样反馈题目讲解结束后，教师、学生、学习小组进行学习过程"微诊断"评估，并填写当日的学习评估反馈表，以周为单位，每周五汇总完成，每周一利用班会时间或课外活动时间，科任教师与学生就课堂学习评估状况进行交流，并做班级学习方法指导交流分享，同时评选学科优秀学生、进步学生，给予表扬和一定的奖励。班主任汇总选出每一个学科一周学习过程评估中优秀的学生3～5名，进步学生3～5名，在班级公示栏粘贴，在班级群表扬，并给家长填写表扬信，特别说明，优秀学习、进步学生尽量一个月内不要重复。

（二）优化评估卡片，提升评估效率

我们将"第＿＿周学习过程'微诊断'评估卡"（表5-2）印发给教师、学生，请师生在评估时依据标准填写相应的等级。

若当天有"微诊断"则要求师友互评完成"第＿＿周学习过程'微诊断'评估卡"，如果当天无"微诊断"则教师的口头评估在课堂上及时完成，但是每周五放学之前，须填写"第＿＿周学习过程'微诊断'评估卡"。家长则利用周末时间填写，学生每周的卡片放入学生个人成长档案中。

（三）简化评估程序，保证评估效果

为了让学习过程评估可以深入学生内心，嵌入学生日常学习的过程当中，我校的学习过程评估维度专门选择了初中生学习习惯、学习能力培养等几个重要方面，而且在教学过程中，教师也可以根据自己的学科特点，班级

表5-2　第____周　周学习过程"微诊断"评估卡

姓名:____　　　　第____周　周学习过程"微诊断"评估卡　　　　学科:____

评估维度	独立性					主动性					互助性					创新性				
时间	周一	周二	周三	周四	周五	周一	周二	周三	周四	周五	周一	周二	周三	周四	周五	周一	周二	周三	周四	周五
课前自测																				
当堂诊断																				
周抽样作业反馈																				
学生自评																				
师友互评																				
教师点评																				
家长回评																				

特别提醒：（1）独立性、主动性、互助性、效果反馈等是以等级为标准的定量评估；学生自评、学友互评、教师点评需要用简短的语言评估学生一周的表现，并提合适的建议，作为定性评估。（2）各个诊断环节根据学科需要设置，若课堂不需要则无需填写评估。（3）科任老师可以根据学科特点调整评估维度。

学生特点进行增删或者优化。对学生学习过程中的几个维度的评估和强化，其目的是让学生在学习过程中找到自信，寻到方法。因此我校的评估程序相对来说是比较简洁的，就是为了让教师、学生、家长可以坚持评估，保持评估效果。

二、学习过程"微诊断"操作流程

在"微诊断"的实验班，我校采用学生自评、学友互评、教师点评、家长回评等方式来对学生学习过程中的独立性、互助性、主动性、创新性进行评估，具体操作流程如下。

（一）课前学习过程"微诊断"操作流程

科任教师根据自己的学科特点制作"××学科第＿＿周学习过程'微诊断'评估卡"，可以参考"第＿＿周学习过程'微诊断'评估卡"，再根据学科特色进行增减或者调整，课前自测的批阅方式可以是教师批阅、学科组长批阅或者师友互相批阅，教师在讲解的过程中按照评估标准对学生的独立性、主动性、互助性、创新性进行评估，特别提醒，个别维度如果在课堂中没有呈现则无须评估。[①]

文科课前"微诊断"内容可能是听写、背诵等，教师可以调整评估维度，由学科组长协助完成评估。课前"微诊断"的学习过程评估在课堂教学过程中就可以完成。

（二）课中学习过程"微诊断"操作流程

1. 对于学生的评估操作流程

科任教师根据自己的学科特点制作"××学科第＿＿周学习过程'微诊断'评估卡"，可以参考"第＿＿周学习过程'微诊断'评估卡"，再根据学科特色进行增减或者调整，课中诊断内容的批阅方式可以是教师批阅、学科组长批阅或者师友互相批阅，教师在讲解的过程中按照评估标准对学生的独立性、主动性、互助性及效果反馈进行评估，特别提醒，个别维度如果在课堂中没有呈现则无须评估。

---

① 魏宏聚. 教学切片分析：课堂诊断的新视角 [J]. 教育科学研究，2019（2）：63-67.

课中学习过程"微诊断"评估在课堂教学过程中就可以完成，如果课堂任务较多可以在课间花 1 分钟左右完成。

2. 对于教师的评估操作流程

课中学习过程"微诊断"评估不仅是对学生的学习过程和学习效果的评估，也是对教师教学效果的评估，尤其是在公开课的教学过程中，各个学科备课组长会对上课教师的教学效果进行评估，操作方法为：首先备课组长根据讲课内容，设置 5～10 分钟的题目，题目一般来自授课教师课堂中的原题或者其改编，题目以基础和中档为主；然后备课组长在班级随机抽取 8～10 名学生（一般抽取一个小组），在固定场所进行限时诊断，学生一定要随机抽取，这样样本才具有可参考价值；最后备课组收取诊断试卷并批阅，填写"公开课听课学情反馈表"（表 5-3），主要评估优秀人数、合格人数、不合格人数几个维度，以此评估教师教学效果。

对教师的课堂评估由备课组长在该节课结束之后组织完成，备课组长批阅试卷后，填写"公开课听课学情反馈表"，上交课程管理中心，由课程管理中心主任或者校长查阅，并与授课教师沟通交流，给予鼓励和建议。

（三）课后学习过程"微诊断"操作流程

1. 对于学生的评估操作流程

"第___周学习过程'微诊断'评估卡"学生自评由学生完成，一般反馈结果会在周二公布，周三针对反馈结果的评讲完毕，要求学生周三完成评估表。

2. 对于教师的评估操作流程

首先由各个学科备课组长按照教师评估管理方法，发布各个学科 40％人数和 70％人数对应的分数线，学科教师自己填写对应分数线人数及人数占比，年级主任填写各班级 40％人数和 70％人数；然后年级主任发布"××年级××学科一周作业抽样反馈质量分析表"供教师参考，最后年级主任定期召开质量分析会，邀请优秀教师做分享交流，大家互相切磋学习。

表 5-3 公开课听课学情反馈表

2023 年秋季学期公开课听课课学情反馈表

时间	授课教师	学科	授课内容	抽测人数	优秀人数	合格人数	不合格人数	主要问题

三、学习过程"微诊断"操作流程案例：701班数学学科学习过程评估

（一）指导思想

《义务教育质量评价指标》指出，要突出评估促进发展的功能，保护学生的自尊心、自信心，体现尊重与爱护、关注个体的处境与需要，注重发展和变化的过程，注重素质的综合考查，强调评估指标的多元化。对学生的评估不仅要关注学生的学业成绩，而且要发现、发展学生多方面的潜能，倡导运用多种方法综合评估学生学习的基础知识与技能、学习方法与过程，以及情感、态度、价值观、创新意识和实践能力等方面的进步与变化。

（二）评估原则

（1）恰当评估学生基础知识和基本技能，以理解能力与应用能力评估为主。

（2）重视评估学生发现问题、解决问题的能力，从而使学生认识到问题解决的性质。

（3）学生自评、学友互评、教师点评、家长回评相结合，并注意多种形式结合。

（4）评估结果以定性描述、定量的等级评估的方式呈现。

（三）具体操作

1. 师友互助评估安排

先将班级学生师友结对，之后每两组师友组成一个小组，701班共48位学生，分为12个小组，24对师友（表5-4）。

表5-4　701班学友互助小组协作安排

师友	学友	组别
金子阳	姚品睿	第一组
苏恒	刘天宇	

续表

师友	学友	组别
吴梓怡	杨欣怡	第二组
吴玉龙	魏玮恒	
罗雪莲	朱怡霏	第三组
刘宇浩	高文熙	
程珺嫱	魏佳琪	第四组
鲍子翔	汤博睿	
杨俊熙	刘美晨	第五组
林晨曦	林佳怡	
李畅贤	李长城	第六组
林俊熙	蔡子海	
魏语涵	施展妍	第七组
陈思宇	周紫涵	
陈宇杨	刘佳慧	第八组
朱子欣	刘美瞳	
朱梓芊	帅诗颖	第九组
朱一帆	周钱扬	
吴宗洵	陈亚诺	第十组
马诗恬	关雨涵	
鲍玉欣	左婧姝	第十一组
胡瑾烨	邓智睿	
袁宇桐	兰铭	第十二组
郑宇航	唐浩宸	

续表

师友的一天安排如下。（1）自习：师友督促学友拿出作业并检查，根据老师或者课代表的要求检查学友的学习情况；学友主动请师友检查作业及订正。（2）课堂：师友认真听讲，独立钻研，耐心指导学友，并配合学友回答老师的问题；学友认真听讲，独立思考，虚心向师友请教，并积极回答问题。（3）课间：师友督促学友完成课堂上未完成的作业，做好下节课的准备，并在课前检查学友的课前作业；学友积极配合师友的检查，并做好下节课的准备。（4）课后：师友主动检查学友的订正，并及时跟学友沟通在学校的学习情况；学友积极完成作业，若遇到不懂的问题虚心向师友请教。

师友参照以上安排，对四个维度（独立性、主动性、互助性、创新性）按照等级要求进行评估。

2. 教师评估安排

语文教师：第一小组—第四小组。

数学教师：第五小组—第八小组。

英语教师：第九小组—第十二小组。

要求学生每周填写评估卡，时间由教师决定，形式也可以根据科任老师的安排灵活处理，每一个月轮换一次，例如第二个月可以换成如下安排。

数学教师：第一小组—第四小组。

英语教师：第五小组—第八小组。

语文教师：第九小组—第十二小组。

（四）评估的表格填写举例

姓名：　李×　　　　　　　　　　　　　　　　学科：　数学

第　10　周学情 "微诊断" 及学习过程评估卡

评估维度 时间	独立性					主动性					互助性					创新性				
	周一	周二	周三	周四	周五	周一	周二	周三	周四	周五	周一	周二	周三	周四	周五	周一	周二	周三	周四	周五
课前自测	A	A+	A	A+	A+	A	A	A	A+	A+	A+	A+	A+	A	A-	A-	A-	A-	A-	A-
当堂诊断	A+	A+	A+	A+	A+	A	A	A	A	A	A+	A	A	A	A-	A-	A-	A-	A-	A-
周抽样作业反馈	A+					A					A					A-				
学生自评	本周"微诊断"学习过程都是独立完成的。但是正确率方面还是有待提升。不懂的题目也积极问了师友或者老师。同时也主动地帮助了其他同学，还是给自己一个大大的赞。
师友互评	李同学本周学习的主动性提升了哦。数学学习非常主动地找我问。上课做笔记也很认真。
教师点评	本周数学的学习在独立性和互助性方面都有很大的进步。主动性相对之前也有所进步。敢跟老师沟通、敢问。继续加油哦！
家长回评	希望老师严格一些。在家里我们会监督并积极配合老师。老师辛苦啦。

特别提醒：（1）独立性、主动性、互助性、创新性等以等级为标准的定量评估。作为定性评估。（2）各个诊断环节根据学科需要设置。若课堂不需要评估，则无须填写评估。（3）评估学生一周的表现，并提出合适的建议：学生自评、学友互评、教师点评要用简短的语言评估。教师点评要根据学科特点调整评估维度。

四、学习结果"微诊断"实施原则

（一）学习结果"微诊断"诊断时间分配原则

一般来说，周作业抽样反馈语文、数学、英语限时 20 分钟，道德与法治、历史合卷 20 分钟，物理、化学单双周进行各 20 分钟，每周处单双周轮换的学科外其他各个学科都能进行诊断，七年级限时 80 分钟完成，八年级限时 100 分钟完成，九年级限时 100 分钟完成（也可以限时 120 分钟完成）。学科综合的具体诊断时间统一安排在每周一的最后两节课。

以七年级周作业抽样反馈安排（春季）为例，见表 5-5。

表 5-5　七年级周作业抽样反馈安排（春季）

学科	语文	数学	英语	道德与法治/历史
时间	16：30—16：50	16：50—17：10	17：10—17：30	17：30—17：50

备注：每周一的延时服务时间，由年级组统筹安排，语文、数学、英语各 20 分钟，道法和历史合卷 20 分钟，由班主任执行，计入班主任工作量。

（二）学习结果"微诊断"任务管理原则

（1）年级主任发布诊断时间、试卷命制格式，制作班级登分在线文档、教师个人动态评估在线文档等，收取各个备课组命制的试卷，统一印制。

（2）教师以备课组为单位在教研活动期间共同商讨诊断题目，安排一位教师进行试题的命制。

（3）班主任负责监督实施诊断过程。

（4）以备课组为单位集体阅卷，为了保证诊断的公平性，非主观题要求统一阅卷。

（5）各科任老师登记班级分数及各项指标，可参考"××年级××学科一周作业抽样反馈质量分析表"（表 5-6，以七年级为例）。

（6）年级主任做质量分析。

表 5-6　××年级××学科一周作业抽样反馈质量分析表

七年级语文一周作业抽样反馈质量分析表											
班级	701	702	703	704	705	706	707	708	709	710	711
科任教师											
参与抽样人数											
40%（＿分）人数											
占比											
70%（＿分）人数											
占比											
七年级数学一周作业抽样反馈质量分析表											
班级	701	702	703	704	705	706	707	708	709	710	711
科任教师											
参与抽样人数											
40%（＿分）人数											
占比											
70%（＿分）人数											
占比											
七年级英语一周作业抽样反馈质量分析表											
班级	701	702	703	704	705	706	707	708	709	710	711
科任教师											
参与抽样人数											
40%（＿分）人数											
占比											
70%（＿分）人数											
占比											
七年级历史一周作业抽样反馈质量分析表											
班级	701	702	703	704	705	706	707	708	709	710	711
科任教师											
参与抽样人数											
40%（＿分）人数											

续表

七年级历史一周作业抽样反馈质量分析表											
班级	701	702	703	704	705	706	707	708	709	710	711
占比											
70%（__分）人数											
占比											
七年级道法一周作业抽样反馈质量分析表											
班级	701	702	703	704	705	706	707	708	709	710	711
科任教师											
参与抽样人数											
40%（__分）人数											
占比											
70%（__分）人数											
占比											
总分40%各班人数											
总分70%各班人数											

（三）学习结果"微诊断"内容设置原则

1. 诊断内容设置具有基础性

学习结果"微诊断"（周作业抽样反馈）的内容以基础知识为主，要求80%的学生可以掌握，一般都是教学过程中需要学生掌握的基础知识、重点知识。题目的设置是原题再现或原题变形等。

2. 诊断内容选择具有针对性

学习结果"微诊断"（周作业抽样反馈）内容的选择一般就是学生在学习过程中的易错题的原题或者变形，具有较强的针对性，在复习备考的过程中，教师也可以设置本周的复习专题作为"微诊断"的内容。

3. 诊断内容总分具有可控性

学习结果"微诊断"（周作业抽样反馈）范围和内容的选择，教师和学生都是可以提前知晓的，教师在教学的过程中渗透给学生，学生也有足够的时间做好准备，并不像传统考试那样，学生面临太大的不确定性，产生比较大的压力。

每一个学科的"微诊断"的总分会根据年级和学科来确定，每个学期都是固定的，例如七年级数学一般是选择题 5 题（每题 3 分），填空题 5 题（每题 3 分），解答题 1 题（10 分），总分 40 分。

4. 诊断题目设计具有灵活性

学习结果"微诊断"（周作业抽样反馈）的题目设置是比较灵活的，主要体现在题目的形式上，一般是以中考题型为模板，结合学生的年级特点进行设置，可以是一种题型的多种变形，一种思想方法的不同呈现，也可以是一道解答题、一篇阅读、一个实验……

（四）学习结果"微诊断"评估意义

学习结果"微诊断"（周作业抽样反馈）可以作为了解学生学习情况、掌握教学情况的一个重要参考。学生可以结合每周每个学科抽样反馈的结果，了解自己学科学习的波动情况，及时调整学习方法和学习策略；教师可以结合每周自己所带学科的波动情况，及时调整教学策略，从而提升学科的教学质量。

五、学习结果"微诊断"操作流程

（一）集体备课：共商命题内容

在课程管理中心的统筹安排下，每个学科的备课组在备课组长的统筹下，各自整理分享自己班级学生从上周教研会开始截至目前的学习过程中存在的问题，就典型易错点做简短分析，并提出自己的建议，最终商讨出本次周作业抽样反馈的范围和具体内容。一般题目都是学生学习过程中的重点、难点、易错点等。考虑到错题完全再现，学生存在记忆答案的情况，备课组会要求教师进行简单的变形，例如改变题目的形式，改变题目的数据，改变答案的顺序等。在复习备考的过程中，备课组会结合复习备考的内容，进行专题抽样反馈。

（二）轮流命制：凝聚集体智慧

个人的力量是有限的，集体的智慧是无穷的，对于周作业抽样反馈试题的命制，学校要求每一位备课组成员都要参与。由于每一位教师的教学特色、对知识的理解、对重难点的把握，包括对于学生学习情况的了解和落实都是有差异的，因此每一位教师都参与的要求，不仅体现了公平公正，更重要的是让学生感受到不同教师的风格，从而激发学生的思维，有利于学生更好更灵活地掌握知识和技能。

周作业抽样反馈的命制要求在周五下班之前完成，之后上交年级主任处，并由年级主任发给打印处，在周五或者下周一晚辅导之前完成印制任务。

（三）复习错题：周末查漏补缺

每周四，科任教师会在班级发布下周的周作业抽样反馈的范围和内容，一般都是本周在校的学习内容及简单变形。学生利用周末复习一周的重点知识、难点知识、笔记、错题。文科一般以笔记的形式呈现一周学习内容，理科一般要求学生整理错题。

（四）限时检测：作业抽样诊断

每周一晚辅导时间，班主任在年级组的统筹下安排学生进行诊断，要求班级学生按照考号单人单桌，严肃考场纪律。班主任首先发放语文试卷并运用希沃白板开始 20 分钟倒计时功能，倒计时结束前的 5 分钟班主任开始发放数学试卷，倒计时结束学生结束作答语文试卷，并把语文试卷统一放到课桌右上角，班主任重新 20 分钟倒计时并收取语文试卷，以此类推，直到所有学科诊断结束。

（五）集体阅卷：彰显公平公正

每周二，学科教师以备课组为单位集体阅卷，为了快速阅卷，及时反馈学情，一般主观题教师可以自行批阅，非主观题备课组统一安排批阅。由于"微诊断"的题目较少，如果备课组教师较多，也可以分批安排批阅非主观题，减少教师的工作量。

（六）质量分析：互学提升质量

每周三，科任教师按照年级组发布的质量分析在线表格登记班级学生诊断情况，年级主任对数据进行分析，供科任教师和班主任分析学情教情参考。

（七）结果反馈：评估查漏补缺

　　周作业反馈结果出来之后，学生填写"第___周周作业反馈结果评估卡"，要求在周五放学之前完成，若有疑问，学生可以与科任教师合作完成。评估卡周末带回家，让家长签字，以便家长了解学生一周作业反馈情况，也方便家长及时与科任教师交流沟通。整体过程如图 5-5 所示。

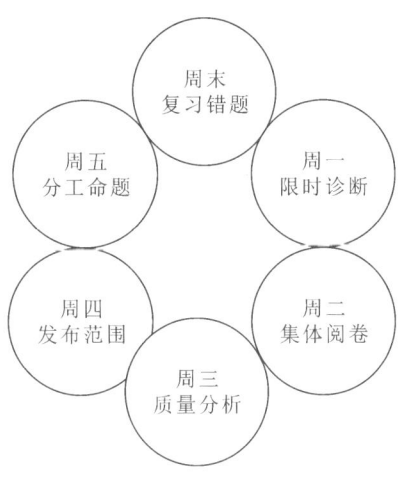

图 5-5　学习结果"微诊断"操作流程

六、学习结果"微诊断"操作流程案例

　　以 701 班周作业抽样反馈学习结果评估实施方案为例。

 701 班周作业抽样反馈学习结果评估实施方案

　　（一）评估标准等级说明
　　等级 A＋：测试分数全校从高到低排序总人数 40％及以上。
　　等级 A：测试分数全校从高到低排序总人数 40％～70％。
　　等级 A－：测试分数全校从高到低排序总人数 70％以下。
　　（二）填写"周作业反馈结果评估卡"
　　范例如表 5-7 所示。
　　（三）评估结果
　　1. 表彰
　　一般是给各学科分数在前 40％（含 40％）的学生发放荣誉证书（图 5-6）。

表 5-7 周作业反馈结果评估卡示例

第 10 周周作业反馈结果评估卡　　　姓名：李×

学科	语文	数学	英语	道法	历史	物理	化学	综合
等级	A	A＋	A－	A	A＋			A
存在问题	基础需要加强，同时注意阅读练字	适当拔高，提升速度	薄弱学科，词汇量欠缺严重	如何应用	本次无			
改进措施	背诵笔记，固定时间阅读	遇到难题多思考，不放弃	每天记单词过关	加强理解背诵				
下周目标	比上次有进步	保持 A＋	A	A＋	保持 A＋			
家长签字	家长会监督文科的背诵过关问题							

等级说明：

等级 A＋：测试分数全校从高到低排序总人数 40% 及以上。

等级 A：测试分数全校从高到低排序总人数 40%～70%。

等级 A－：测试分数全校从高到低排序总人数 70% 以下。

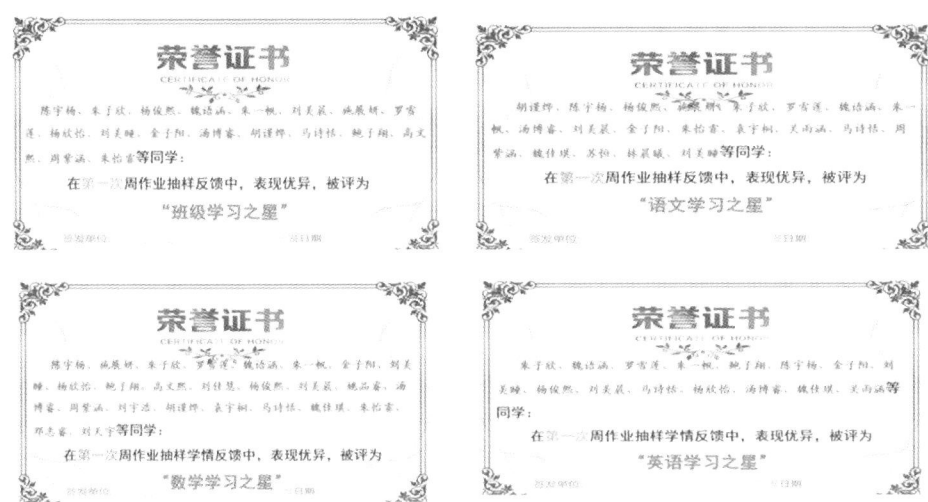

图 5-6   荣誉证书

2. 奖励

每一次获得奖励的同学可以得到一张奖励卡，奖励卡的内容有文具、换座位一次、免作业一次、电话表扬一次、拥有一次布置作业的资格等，奖励方式可以让学生确定，物质奖励要控制在一定的金额以内甚至没有。

第四节   "微诊断"实践成效

一、"微诊断"成效

（一）"微诊断"评估增强了师生、家校沟通的有效性

我校学习过程"微诊断"评估和学习结果"微诊断"评估大大增加了教师与学生、学生与学生、学生与家长、学校与家长之间的互动频率，据很多教师反馈，当我们不再仅仅盯着学生成绩的时候，就会发现其实每一个学生都有闪光点，都有成为一名优秀学生的潜力，而重视过程评估，会让学生在学习的过

程中找到方法，找到路径，找到自信，通过评估卡，家长也可以及时了解孩子在校的学习情况，与教师积极沟通，让家校沟通有温度、有深度。

（二）"微诊断"评估激发了学生的学习动力和学习潜力

如今学生学习的动力不足是导致学生厌学、学习潜力无法挖掘的重要原因，那么如何在众多诱惑中激发学生的学习动力呢？众所周知，初中生容易沉迷游戏，其中重要的原因就是游戏有非常及时的正面反馈和评估，而我校的学习过程"微诊断"评估和学习结果"微诊断"评估，也会给予学生及时有效的正面评估，而且我们重过程，轻结果，每天都有过程评估，甚至每一节课都有评估，评估的形式也多种多样，容易激发学生学习的动力。一旦学生愿意主动学习，那么学生身上的潜力就更容易被自己、教师、家长发现，如此形成良性循环。

（三）"微诊断"评估提升了教师的课堂效率和教学质量

《刻意练习：如何从新手到大师》中提到：有效练习也需要每一次练习之后有反馈，有思考才是有效的练习，我校的"微诊断"评估，是对于课堂、"双限"作业中学生知识掌握的一个"微诊断"，"微诊断"的目的就是要对学生的学习过程进行反馈和评估，只有这样我们的学习和练习才是刻意练习，才是有效的练习。我们在课堂教学的过程中，对于课堂知识的掌握情况，也需要这些"微诊断"来检测确认，教师只有真正了解学生知识的掌握情况，才可以更好地开展课堂教学，这样的课堂才是有效的课堂。

我校"微诊断"评估实施以来，课中"微诊断"是判断一节课是否有效的重要指标，也是教师提升个人教学质量的重要参考标准。

二、"微诊断"反思

（一）"微诊断"评估维度须优化，体现学科素养

为了强化学生学习过程中重要的几个学习品质，我校主要在独立性、主动性、互助性、创新性几个维度对学生的学习过程进行评估，不过，每一个学科在发展学生学科素养的过程中，虽有共性的发展内容，但更多地表现出学科差异性。因此，为了能够更加科学、有效地评估学科素养发展过程，教师应根据学科特点和学科表现进行学科化处理。

（二）"微诊断"评估结果须优化，实现减负提质

"微诊断"评估结果在应用过程中，不仅要对学生学习过程做出事实判断和评估，还要对学生在学习过程中呈现的问题进行诊断，从而对教的过程进行改进，对学生学习过程进行指导，使得"教—学—练—评"形成闭环。通过对评估数据进行综合处理和分析，得出学科课程教学质量的评估结果，使得"评"更好地促进教育教学的开展，削弱学生大量重复练习的弊端，真正落实国家"双减"政策，减轻学生负担，提升教学质量，实现学科育人。

（三）"微诊断"评估反馈形式需与信息化技术整合

为了更加真实、及时地反馈学生"微诊断"评估的结果，在评估反馈的形式上可以与信息化技术整合，但是我校这方面的尝试还是比较欠缺的，主要原因是我校是农村地区薄弱学校，家长的文化素质相对较低，留守儿童也占据了较大的比例，因此信息化技术的使用和普及存在一定的困难，主要还是教师采用卡片的形式来反馈学生在校的学习过程和学习结果。当然部分教师也会运用人人通、班级优化大师、易查分等 App 优化自己的学科、班级的评估反馈。

我校后期也会进一步优化评估反馈形式，给每一位学生建立专属的学习档案，方便家长实时查询孩子在校学习情况，并根据情况与教师进行一对一沟通。

第六章　教学体系变革——教学练评一体化

第一节　教学练评一体化的内涵与特征

一、教学练评一体化的提出背景

（一）国家义务教育课程标准的要求

2022 年颁布的《义务教育课程标准（2022 年版）》在课堂教学评价建议中明确提出："教师应树立'教—学—评'一体化的意识，科学选择评价方式，合理使用评价工具。"这一规定的出台，使得"教—学—评一体化"的理念在教学活动中的重要性得到进一步强调和彰显。然而，在实际的一线教学实践中，仍然存在着一些不容忽视的问题：部分教师对于教学目标的认知不够清晰明确；教师的教学行为与学生的学习过程之间未能实现有效的衔接与融合，呈现出一定程度上的脱节状态；此外，虽然评价环节已经融入教学过程中，但评价结果往往未能充分发挥其应有的促进作用。

与此同时，如何将"教—学—评一体化"的理论有效地应用于课堂作业的设计之中，以更好地服务于学生的个性化学习需求和全面发展，这仍然是一个需要我们在实践中不断探索和完善的重要问题。

（二）"双减"背景下的要求

2021 年 7 月 24 日，中共中央办公厅、国务院办公厅印发的《关于进一步减轻义务教育阶段学生作业负担和校外培训负担的意见》中指出："要全面压减作业总量和时长，减轻学生过重的作业负担。"在减负背景下，课外作业量的减少，更凸显课堂作业设计的重要性。因此，优化课堂作业设计是减轻学生课业压力、落实"双减"政策的实践探索。同时，为了在"教—学—评一体化"上强调"练"的重要性，我校提出要形成"教学练评一体化"体系。

"双减"政策背景下，学校在教育教学中的战略主导地位进一步凸显，学校作为教育教学主阵地，再次聚焦了社会对高质量教育的期待。"双减"要想真正地落地起效，做到一传到位，真正减轻学生的课业负担，必须对已有的教师教学模式、学生学习模式、作业管理模式以及学情反馈模式统一进行优化和改革。我们通过对已有模式进行改革，构建"教学练评一体化"体系，使四者相互嵌入与融合，形成了教学闭环。

二、教学练评一体化的内涵与特征

（一）教学练评一体化概念解读

教学练评一体化包含着课堂教学中教师的教学活动、学生的学习活动还有课堂上的评价活动，以及课堂外的课后作业设计与管理，是教、学、练、评这一动态行为过程的总称。

"教—学—评一体化"的思想源于学习理论和评价理论，以及对教学与评价关系的理论和实践研究。评价与教学相结合的理论起源于美国，在泰勒的现代教育评价理念中，课程和教学大纲是实施教育评价的基础，教育评价是对教育目标实现程度的判断。

1976 年，布鲁姆提出"掌握学习"理论，试图解决教学与评价间的矛盾。他主张通过评价来反馈和促进学生的学习过程，将"教—学—评一体化"的研究推向了实践领域。20 世纪 80 年代，美国教育心理学家劳伦斯·科恩首次提出了"教学一致性"的概念，并通过研究发现，目标与评价一致性越高，学生的学习成绩就越好。在此基础上，韦伯对"一致性"概念进行了深入研究，他认为实现一致性能更好地指导教师教学和学生发展。日本是第一个关注"教学与评价一体化"的国家，日本文部科学省教育课程审议会于 2000 年 12 月发表了一份报告，明确提出了"教学与评价一体化"的原则。而后，日本学者水越敏行和奥田真丈等人提出，评价结果只有被用于推进学习活动才有价值，教学与评价的一体化设计可使教学活动更有针对性。

我国关于"教—学—评一体化"的研究起源于韦斯林教授，他从学习过程的角度，分析了如何促进课程标准、课堂教学和考试评价的一致性，对"教—学—评一体化"的研究具有启示意义。其后，崔允漷教授提出"教、学、评一致性"的概念，他认为"教、学、评一致性"是指在整个课堂教学系统中，"教""学""评"三个因素的协调配合程度。

综上所述，美国和日本等国家都较为重视"教—学—评一体化"的研究，强调要将"教学"与"评价"相融合，达到以评促学的作用，使其从融入其他理论逐渐成为专门的研究课题。我国在引进"教—学—评一体化"的概念后，许多学者对其进行了不断的丰富和完善，但是对单学科教学评一体化研究较多，多学科教学评一体化体系暂未系统研究。

同时，《义务教育课程标准（2022年版）》和"双减"政策的提出，强调了"练"的设计和重要性。因此我校在前人研究的基础上，提出建设"教学练评一体化"体系，从而达到教学体系变革。

（二）教学练评一体化校本实施（要素解读）

经过不断的探索，光谷七初构建了以"四三三"结构化教学流程为支撑，以"三级任务驱动"课堂构架、"学友"互助学习模式、"双限"作业管理练习策略、"微诊断"学情反馈方式的教学练评一体化体系。对课程设置、作息时间、作业布置、评价设置进行了系统变革。

"四三三"教学流程是教学练评一体化体系的有力支撑，"三级任务驱动"是"70分钟长短课"的课堂架构，"学友"互助是学生的一种学习方式，"双限"作业管理是学生练习的一种辅助手段，"微诊断"是对学情的一种反馈方式。在教学练评一体化中，"三级任务驱动"是"教与学"的部分，"双限"作业管理是"练"的部分，"微诊断"是"评"的部分。每一个环节里面教、学、练、评都互相依存，又互相包含，互相关联。

第一部分——教，教师基于学情借助导学案设置进阶型问题，引导学生思考讨论，在学习过程中，教师适当提醒指导，进行答疑辅导。

第二部分——学，采取"学友"互助学习模式贯穿学习过程的始终，教师布置"三级任务"，在每一级任务中都驱动学生进行"学友"互助。

第三部分——练，我校不断探索实践，提炼出"双限"作业管理，限时完成和限时提交，从而提高练的实效。

第四部分——评,一方面是学习过程的评,如课堂上的评价,有师生互评,生生互评,另一方面是学习结果的评价,例如课后抽测、周作业反馈等。主要采取学情"微诊断"的方式,分为学习过程"微诊断"和学习结果"微诊断"。

第二节 教学练评一体化建设

一、"四三三"流程说明

(一)"四三三"结构化教学的背景

教育改革浪潮不断推进,学校发展的需要和"双减"政策的出台,对课堂提质增效提出了更高要求。传统以教师为中心、单向传授知识的教学模式逐渐显露出局限性。"满堂灌"的教学方式导致学生学习积极性不高,成绩提升困难。在实际教学中,很多学生因缺乏参与感和决策权,对学习产生厌倦。如在数学课堂上,如果教师一味讲解,不给学生足够的时间思考和讨论,学生可能只机械地记住公式,却不理解其本质。"四三三"结构化教学策略强调学生主动参与,让学生在不同的教学环节中发挥主体作用,能够有效解决这一问题。

心理学和教育学研究成果也为教学策略的创新提供了支持。研究表明,学生的注意力集中时间有限,认知发展存在阶段性差异。在实际教学观察中,如果课程安排不合理,学生很容易在课堂后半段注意力分散。新课程改革以来,成功的课堂改革经验与教学模式不断涌现。结合学校实际,根据学校基础和文化相似性原则,在众多的成功经验中,我们选择了洋思中学"先学后教、当堂训练"模式以及武汉市六十四中"爱心课堂"互助学习模式课堂改革经验作为实践参照,从中汲取智慧,以改革教法与学法为切入点,系统变革,重建课堂,提出"四三三"结构化教学。

我校提出的"四三三"结构化教学包含两部分,第一是教学时间"四三三",第二是教学任务"四三三",下面具体说明。

（二）"四三三"教学时间说明

很多学校现行作息时间都是上级主管部门安排的作息时间，很少根据本学校自身特点进行时间管理安排。表 6-1 为初三某班级学生课程表，若将早读与晚自习均算作上课，学生每天要学习 12 节课，每节课 45 分钟，相当于学生每天在教室学习 9 个小时。

表 6-1　初三课程表示例

九（1）班	星期一	星期二	星期三	星期四	星期五	星期六	星期日
早读	物理	英语	语文	化学	数学	语文	
第1节	英语	语文	语文	英语	物理	化学	
第2节	化学	化学	语文	数学	化学	语文	
第3节	历史	物理	化学	物理	数学	物理	
第4节	物理	政治	物理	化学	语文	数学	
午休							
第5节	数学	英语	体育	政治	英语	英语	
第6节	体育	数学	数学	语文	英语	数学	
第7节	语文	数学	英语	历史	综合实践	物理	
晚自习							
第1节	化学	数学	信息技术	英语	语文		英语
第2节	化学	数学	物理	英语	语文		语文
第3节	化学	数学	物理	英语	语文		化学
第4节	班会	语文	物理	数学	化学		物理

注：星期五的晚自习和周六所含课程初三、高三的班级才有。普通班级的上课时间为星期日晚上到星期五下午结束。

从该班级一周课时安排可以看出，学生上课的时间很多，作业基本没有时间完成，只能利用课间甚至课堂时间。但教师要照顾整个班级多数学生的学习进度，在保证自己完成课堂教学任务的基础上，才能留下一小部分时间让学生自由练习，完成作业。学生虽然每天在教室的时间很长，但没什么时间做作业。学生自我训练时间太少，缺少培养思维和探究能力的机会，学科成绩和综合素质如何得以提高呢？

我校在规范国家课程教学、满足学生体质健康需要的基础上，首先对学校作息表进行了调整。我校实施的"四三三"时间流程，具体为"四十分钟长课＋三十分钟短课＋三十分钟限时训练"。

每天设置两次长短课时间，一般安排给语文、数学、英语学科。物理、化学、道德与法治、历史学科一般安排"四十分钟长课＋三十分钟限时训练"，具体安排如表 6-2 所示。通过设置长短课调出课内作业时间，给予学生充足的写作业的时间。同时形成课内作业闭环，减轻学生课后学业压力和家长负担，满足睡眠需要，切实以课堂改革推进了五项管理（即作业管理、睡眠管理、手机管理、课外读物管理、体质健康监测管理）。

表 6-2　光谷七初的课程安排示例

光谷七初 2023—2024 学年度第一学期作息时间安排及作业布置安排（冬）				
时段	项目	起止时刻	时间（分）	备注
上午	文学经典广播	7：00－7：30	30	
	晨会	7：30－8：00	30	
	早锻炼（升旗）	8：00－8：35	35	
	第一节课	8：35－9：15	40	
	第二节课	9：25－10：05	40	
	第三节课	10：15－10：55	40	长短连堂课
	第四节课	11：05－11：35	30	
午间	午餐	11：35－12：10	35	
	中自习	12：10－12：40	30	限时作业 1
		12：40－13：10	30	限时作业 2
	午休	13：10－13：40	30	
下午	第五节课	13：50－14：30	40	
	眼保健操	14：30－14：35	5	
	第六节课	14：45－15：25	40	
	第七节课	15：35－16：15	40	长短连堂课
	延时服务 1	16：25－16：55	30	
	延时服务 2	17：05－17：35	30	七年级：限时作业 八年级：限时作业
	延时服务 3	17：45－18：15	30	九年级：限时作业 体育锻炼、晚餐

（三）"四三三"教学任务说明

在"四三三"教学任务中，"四"指课堂实施的四个环节：课前预习（不限时间）、课堂夯基（40分钟）、课堂突破（30分钟）、当堂训练（30分钟）。四个环节构成学生学习的完整流程，形成校内学习闭环，实现教学练评一体化。

例如，我校九年级语文组在"分解慢说细微处，描眉画眼展身材——记叙文细节描写指导"一课中，首先布置课前自学，让学生根据语句，判定人物的身份，归纳细节描写的定义：细节描写是指抓住生活中细微而又具体的典型情节，加以生动细致的描绘，它具体渗透在对人物、景物或场面描写之中，为文章的主题思想与人物形象服务；以及细节描写的作用：使文章从枯燥走向（　　），使情感从模糊走向（　　），使主题从平淡走向（　　）。在长课课堂夯基（40分钟）部分，主要让学生细读文段断优劣，通过关键点驻足、细微处慢说、眉眼间描绘和多感官结合对学生进行细节描写方法指导。在短课课堂突破（30分钟）部分进行重点突破，给出某同学写的作文的片段，让学生结合所归纳的方法，扩充一下细节，突出主旨。最后在限时训练（30分钟）中，当堂运用所学的细节描写的方法技巧，修改自己的作文，写在作文本上。

"四三三"的第一个"三"是指课堂上的三组进阶任务（基础型任务＋探究型任务＋综合型任务），既让学生循序渐进掌握知识，又让不同知识基础的学生有所选择。三级任务可以给学生搭建支架，激发学生主动学习，使学生学习符合知识获得、转换和评价的规律，以生成完善的认知结构。

"四三三"的第二个"三"是指三个促学策略：任务驱动、当堂展示和限时训练。让学生在任务引导下主动学习，及时输出并及时反馈，帮助学生完成知识的结构化，让教学练评形成一体化。

"四三三"教学任务整体过程如图6-1所示。

二、教学练评一体化实施过程

（一）教学练评一体化学校管理实施过程

1. 顶层设计

在"双减"政策的指导下，我校迅速行动起来，组织了融合性讨论会议，

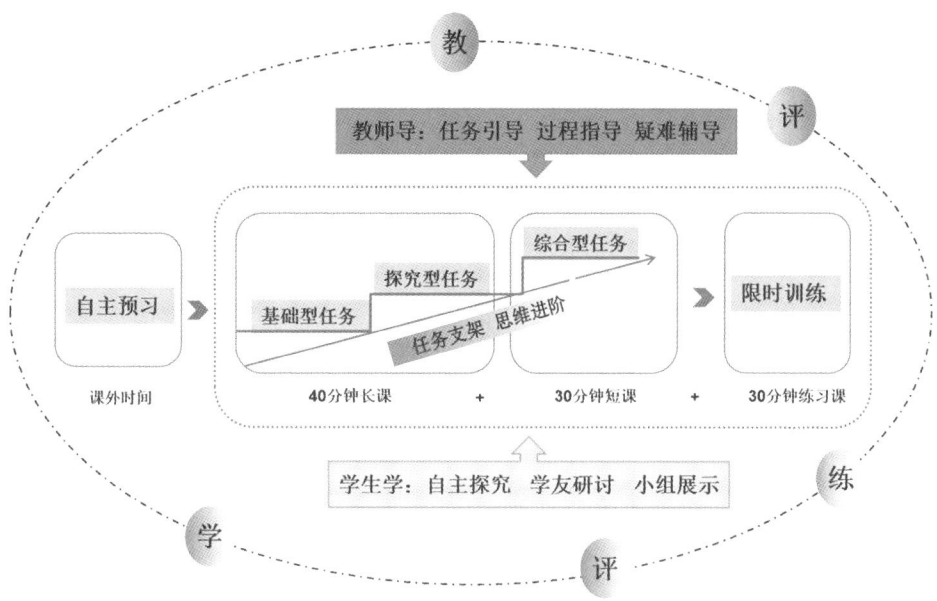

图 6-1　光谷七初"四三三"教学任务整体过程

针对目标任务、组织分配及实施细节等方面进行了周密的规划与部署，并强调了责任的严格落实，为课堂改革的推进与落实制定了一系列全面的顶层设计策略。在组织架构层面，我校建立了由校长领衔的领导小组，该小组负责教学练评一体化建设的整体蓝图规划；同时，下设了一个由教师发展中心、课程管理中心、教研组长及备课组组长等教学管理骨干构成的指导团队，其职责在于引导、诊断、协调及评估课堂改革的进展；此外，以备课组为基本单元，全面且逐步地推进课堂改革的实施与落地。在实施措施的过程中，我校构建了从"科组"到"年级"再到"学校"的逐级递进改革探索路径；启动了"人人上好一堂课"的展示活动，旨在激发教师对教学难题的深入反思，并促进教师间的共同研讨与评价；还推行了"跨学科研训"模式，旨在拓宽教师视野、积累实践经验，从而构建一个全员参与、跨学段协同、学科交叉的课程改革体系，以回应提升课堂教学质量与效率的需求。①

2. 宣传培训

从理念到行动落实，其中最关键的力量就是肩负改革实践任务的教师。我

---

① 周文洁. 推动教学评一体化课程改革落地的学校管理路径探索——以北海市实验学校为例 [J]. 教育界，2023（25）：2-4.

校通过统筹设计，立足于课堂的实践和案例剖析，分阶段、系统化、跟进式地培训和指导教师，推动教师的角色重塑。

第一步，宣讲。在新学期的全体教师会议上，开展专题宣讲，统一了全体教师的思想认识，即教学练评一体化课堂有别于传统的课堂，着眼于学生学科核心素养的培养，从关注知识的灌输转变为关注学生能力的培养，以达成"集大成，得智慧"的目标。

第二步，培训。铺开一场全校范围内的学习活动。学校将本次课程改革中的措施理论化、政策化，并制作成学习文件，通过各教研组、备课组线上线下学习、撰写心得等方式，让教师们深入学习了相关的教育教学理论知识，明确何为"三级任务驱动"、"学友"互助、"微诊断"、"四三三"教学练评一体化，并制定了"双限"作业管理的规定，要求各班主任认真落实。通过培训，促进教师们思想的转变、观念的更新，提高理论水平。

3. 深度教研

本次课程改革的贯彻落实重点在各备课组对于改革理念的吸收以及备课的效果，因此我校备课组开启了一系列自上而下的教研活动，驱动教师审视自我、反思行为、改变课堂。

第一，明确教研目标，制订详细计划。学校首先将此次课程改革作为深度教研的目标，即领悟改革的目的，掌握改革的方法，进而转变教学方法和课堂教学模式，提升教师的教育理论素养和实践能力，提高学校的教育教学质量。在此基础上，各备课组制订详细的教研计划，包括活动的时间、地点、主题、内容以及参与人员等，确保教研活动的顺利进行。

第二，开展深度研讨，聚焦核心问题。深度研讨是深度教研的核心环节。学校定期组织教师围绕教育教学中的热点问题进行深入研讨，例如，如何在课堂教学中实施"三级任务驱动"以落实学科核心素养，如何组织学生进行"学友"互助以提高学生自主学习以及合作探究的能力，如何运用恰当的方式对学生的学习效果进行"微诊断"，如何运用现代教育技术提升教学质量等。研讨形式可以多样化，如专家讲座、案例分析、互动研讨等。通过深度研讨，教师们可以共同探索解决问题的策略和方法，提升专业素养。

第三，展开教学观摩，促进经验交流。教学观摩是提升教师教学水平的有效途径。我校组织教师参加校内外的优秀教学观摩活动，学习借鉴先进的教学经验。同时，在校内开展"人人上好一堂课"活动，鼓励教师在校内进行改革后的教学展示，通过观摩、交流、反思，提高教师的教学水平。我校教学观摩活动注重实效性，避免形式主义，确保每位教师都能从中受益。

第四，建立评价体系，确保教研实效。为了确保深度教研的实效，学校建立科学的评价体系，包括教师参与度、活动效果、研究成果等多个方面，通过定期考核评估，总结经验教训，提出改进措施。同时，对在教研活动中表现突出的教师进行表彰和奖励，激发教师参与教研活动的积极性。

第五，加强校际合作，拓宽教研视野。我校与其他学校进行合作与交流，共同开展教研活动。通过校际合作，教师可以学习借鉴其他学校的先进经验和做法，拓宽教研视野。同时，学校也会邀请其他学校的优秀教师来校进行交流和分享，促进教师之间的学习和成长。

4. 贯彻落实

1）优化教学时长

我校课程管理中心对教学时长和课程安排进行了科学优化，严格实施"四三三"时间流程。我校每日课程除 40 分钟常规课外，还设置 2 节 30 分钟短课、4 节 30 分钟的限时训练课，30 分钟短课与 40 分钟常规课设为连堂课，以保证阶段化教学任务的落实，而 30 分钟限时训练时间只能用来完成学科作业。语文、数学、英语学科每周设置一次上午第 3、4 节的长短课连堂，物理、化学、道德与法治、历史学科一般安排 40 分钟长课和 30 分钟限时训练课。通过长短课的安排，提高课堂效率。

2）规范教学流程

我校要求教师根据本学科特点，在课堂上充分运用"三级任务驱动"、"学友"互助等教学手段，并严格按"四三三"流程设计阶梯化的教学任务，充分利用导学案。采用各种方式规范教师的教学行为。

3）管理"双限"作业

我校每日设置 4 节限时训练课让学生完成作业，这 4 节课完成哪些学科的作业需要由班主任根据本班当天的课程进行统筹安排，尽可能保证学生能够将当天的作业在校内完成，回家没有作业或者只有少量作业。每个班级会在墙上张贴限时作业任务栏，对当天的限时作业任务进行公示，帮助学生明确任务，提高效率。

4）定期诊断成效

我校每周一下午会对学生进行抽样作业反馈检测，检测的内容即上周各科所学的新课内容,各科目的检测时长一般是 20 分钟。教师可以通过抽样反馈的结果了解学生对知识的掌握程度,进而调整自己的教学;而学生则可以了解自己阶段性的学习情况,进行查漏补缺。

（二）教学练评一体化教学实施过程

教学练评一体化实施主要包括五个方面:以教导学—以学定评—以评设练—以练获评—以评促教。

1. 以教导学

这里的"导",就是让我们不要"满堂灌""一言堂",要通过问题情境、任务驱动来引导学生自主学习,这对我们的导学案设计提出了更高的要求。导学案必须立足于学生"如何学",要做到能充分发挥学生的主观能动性,充分尊重学生的个性差异,充分体现学生的主体地位。[①] "导"就是指导、引导;"学"不是讲,也不是教,是以学生学为根本要求;"案"是一种方案,一种设计,不是知识、题目的简单堆积。

导学案的编写要突出体现"导学",重在引导学生学习,而不是一味做练习,要通过由简单到相对复杂的问题设置、阶梯式学习内容的呈现和有序的学习步骤安排,既让学生循序渐进地掌握知识,又让不同知识基础的学生有所选择。进阶式任务研讨也对应学生思维层次的进阶和深化,以实现深度学习、高阶思维的培育和发展。在学生完成一个一个任务的过程中,教师给予一定的指导,对于学生能自主完成或互助完成的任务,教师一律不讲;对于疑难问题则进行辅导点拨,有针对性地讲。

这种从"教"到"导"的观念转变,真正把课堂还给了学生,让学生全程参与、深度学习,同时让不同学生都得到不同程度的发展和成长。

2. 以学定评

新课标引领新的教学和评价,在课堂中,我们尝试从个人积分的"点"到小组评价的"面",以这种动态、捆绑式的评价机制,激励学生的"学";通过学生学的效果评价课堂的效率,从而促进教师的"教"。

---

① 李婵娟. 高中数学实施"导学案",打造高效课堂 [J]. 课程教育研究,2015 (32):145.

1）个人积分

在课堂中，仅靠语言激励来提高课堂效率是远远不够的，要想让学生持之以恒地主动学习，还必须采用一些其他评价来加以强化。我们采取的最多的是个人积分制度，即参与展示和回答问题一次每人记一分，提出问题、质疑补充或纠错一次每人记两分，每节课由组长记分，每周一统计，评出小组展示之星，予以奖励，每月进行大汇总，评出全班展示之星，拍照留念，做成光荣榜，在教室张贴。这样一来，学生们的积极性都被调动了起来，上课回答问题、参与展示的人非常多。学生动起来了，课堂也活起来了，教学效率自然也提高了。

2）小组评价

个人积分制调动了学生个人的参与意识，有些成绩好的学生为了自己的积分能增加，课堂上抢着回答，争着展示，每次的展示之星总是那么几个人，其他成绩稍落后、反应稍慢的学生课堂上就少有展示的机会，久而久之就放弃了展示，积分对这部分学生而言就成了可望而不可即的东西了。为了改变这种情况，我们以组为单位进行评价，学友组 2 人捆绑评价，评价积分组员共享。学期初对各组和各学友组进行起始积分量化，以月为单位进行阶段量化，通过积分增量评价小组和学友组的成绩和表现。这样一来，不仅小组成员间的团结合作意识增强了，学生参与面也更广了，学生（尤其是学困生）学习成绩均可获得较快提升。

3）课后抽测

每节课后都随机抽一个组的学生进行达标检测，通过检测结果了解学生的学习情况，从而及时发现问题，更好地指导后面的教学设计。

3. 以评设练

作业是反馈学情、巩固学习效果的重要手段，为了减轻学生的作业负担，掌握真实作业情况，我校每天安排专门的课内限时作业时间，这段时间内教师不能讲课，学生自主完成当天作业任务，通过统筹和协调作业时间达到控制作业总量的目的，不仅提高了作业效率，还培养了学生良好的学习习惯。对于较难的作业当堂辅导解决，一般作业自习课限时完成，较容易的作业回家独立完成。这样通过压缩教学时间，增加学生课内作业时间，来倒逼教师提升课堂效率。

班级成立作业管理小组，采取作业公示制度，严格控制流程，确保执行的上限。科任老师参与研讨，班主任负责协调，班干部负责监督管理，全体学生合理对各科作业时间进行分配，按限定作业时间，自律完成任务并提交。在校限时完成作业的学科不再布置家庭作业，从而减轻师生负担，提高作业效率。

作业管理的终极目的还是减负增效，提升质量。所以在保证作业时间和效率的同时，作业的针对性和实效性更为关键，通过学生课堂评价情况可以进一步优化作业，完善作业架构，丰富作业形态，如学科分层作业、学科特色作业、融学科作业等，以满足不同学生的作业需求，真正实现从减"量"到提"质"的变化。我们还通过优秀作业展评、积分兑换管理、作业之星表彰等多种方式，激发学生对作业的兴趣。

4. 以练获评

艾宾浩斯遗忘曲线说明，我们记忆的东西刚刚开始遗忘得非常快，短短的20分钟后可以遗忘41.8%，一天后几乎遗忘掉70%。如果想要将其变成长期的记忆，需要通过不断的重复，不断创造新的遗忘曲线，复习次数越多，就越可能把这种短期记忆变成自己的长期记忆。

传统的考试虽然可以做到全面检测学生对于知识的整体掌握情况，但是耗时较长，周期较长，不能及时反馈学生在学习过程中遇到的问题，往往到了期中期末，教师感觉复习像是在上新课，复习辛辛苦苦，但学生收获却寥寥无几，复习效果极其低下。对于大部分学生而言，在考试中丢分的主要原因不是难题不会做，而是会做的题目不能拿满分，其中很大的原因就是基础知识、基本技能不过硬。

通过"双限"作业管理，可以帮助教师及时获取学生的学习情况和知识掌握情况。教师通过学生限时训练作业的结果，及时发现当天学习所存在的问题，并针对问题一一突破，减少因长期积累问题给学生造成巨大压力。

而对于学生一周学习中的错题，教师则以周作业抽样反馈的形式在每周一进行限时"微诊断"。不管是限时作业中学生的易错点，还是课堂中教师讲解的重难点，教师都加以整理，命制成题目，让学生反复练习。通过反复练习巩固和测评，可加深学生的记忆，便于学生进一步掌握知识；同时通过作业和反馈情况进一步了解学生存在的问题，便于教师及时调整教学策略，使教学更具有针对性。

5. 以评促教

"教"是指，通过有效的教学，教师能够引导学生掌握新知识，开阔视野；

"评"能够反映学生的学习情况。评价是教学的重要环节，评价的结果不仅是对学生学习情况的反馈，也是对教师教学效果的检验。[①]通过评价，可让教师了解哪方面做得好，哪方面需要改进，继而展开更有针对性的教学。

教学练评一体化体系下以评促教方式主要分为两部分。第一部分为课堂方面。在教学活动开始之前，教师会发布预习任务，同时设置课前自测，在课前三分钟学友之间进行互评，同时抽取小组展示自测任务的结果，并提出在自测环节遇到的目前无法解决的问题，教师再结合本节课的任务，调整教学中的重难点。对于学生通过自主学习、学友互助可以解决的重点知识，教师将淡化，甚至不再讲解，对于学生无法真正理解掌握的难点知识则更加细致地讲解。

第二部分为作业部分。结合学生课堂学习效果评价，教师进行分层作业命制。同时结合作业反馈，进一步精化作业命制，以备课组为单位互帮互助，倒逼教师提升命题能力，从而进一步提升教师的教育教学能力。

综上所述，教师基于学情设计有针对性的导学案。通过自主预习了解学生已有水平，同时在导学案设计上强调分层分梯度设计。按照基础型任务—探究型任务—综合型任务进行设计。

针对不同类型的任务，采取不同的学习方式和评价方式。对于基础型任务，学生独立完成，教师进行抽测。对于探究性任务，学友组抽样展示，然后通过当堂检测了解学生达成情况。对于综合型任务，小组合作完成探究，通过教师点拨、当堂展示、小组展示、变式检测等评价手段，使学生思维层次达到进阶和深化，以实现深度学习、高阶思维的培育和发展。同时通过课后抽测了解不同层次学生的达成情况，为后续针对性练习设计奠定基础。

基于对学生的课堂评价和课后抽测评价，设计针对性作业进行巩固和提升。通过"双限"作业管理对学生的作业完成情况进行更为客观的分析，这种方式能帮助教师更为真实地了解学生学情，切实减轻学生学习负担；帮助学生精准地发现自己的不足并能及时改进，促进学生更好地提升与发展。同时激励教师进一步关注学生学情，提高课堂教学效率，设计针对性作业，提升教师教育教学能力。结合每次周作业反馈"微诊断"能进一步使教师明确教学策略调整是否正确，进一步提升教师和学生水平。

以上，以改变教法和学法为切入点，系统变革、重建课堂，以教导学—以学定评—以评设练—以练获评—以评促教，形成教学练评一体化，切实减轻了师生的负担，提高了课堂效率，促进了学生深度学习，最终实现质量的提升。

---

①　余妮妮. 以评促教，以教促学——浅析"教—学—评"一体化在小学英语教学中的实践 [J]. 校园英语，2024（16）：117-119.

第三节　教学练评一体化操作流程

下面将以人教版九年级化学上册第四单元课题 3"物质组成的表示"第一课时"化学式"为例，具体阐述教学练评一体化体系的操作流程。

一、根据学情设计三级任务驱动的导学案

教学练评一体化体系强调从"教"到"导"的观念转变，真正把课堂还给学生。要求教师在充分了解学生学情的情况下，设计有针对性的教学目标和三级任务，包括基础型任务、探究型任务和综合型任务。其中基础型任务要求 90% 的学生能完成，以最基础的知识和技能为主要内容。探究型任务预期 60% 以上的学生能完成，以落实重点知识和技能为目标。综合型任务预期 30% 以上的学生能完成，以落实知识和能力的综合应用为目标。同时不同任务设计不同的当堂训练，检测学生达成情况。

以"物质组成的表示"第一课时"化学式"为例。

在设计学习目标时，要充分考虑到学生的学习情况。如在学习"化学式"第一课时之前学生已经熟悉了一些物质的化学式，知道常见物质的组成和构成以及元素符号的意义，但了解不太深刻。因此本节课旨在引导学生对"宏观—微观—符号"三种表征建立多重联系，以及通过证据推理掌握常见的单质和化合物的读法和写法。

所以本课"普遍目标"设置为通过自主探究和合作探究，了解什么是化学式及化学式的意义，了解化学符号中不同位置的数字表示的意义；"发展性目标"设置为通过小组合作和证据推理，掌握单质和化合物化学式的读写规律，以及通过对化学式意义的学习，学会准确表述物质的组成和构成；学习重点为化学式的意义以及单质和化合物化学式的读写规律；学习难点为化学符号的微观意义、化学用语的正确表述。

课前预习设置为"写出你知道的常见的单质和化合物的化学式和名称，并和同学讨论一下它的读写规律"。在前面的学习中，学生已经学习了部分化学式，知道常见物质的化学式书写方式，以此导入，激发学生兴趣，同时也为后面通过分类确定化学式的读写方式奠定了基础。

课中学习任务分为三个层级：基础型任务——化学式的概念；探究型任务——化学式的意义；综合型任务——化学式的读写方法。同时每一环节设计当堂检测来了解学生的学习情况。基础型任务由学生独立完成，探究型任务由学友互助完成，综合型任务采取小组合作方式，在教师引导下完成，充分发挥学生主观能动性，保证学生课堂参与度。

　　具体导学案设计如表 6-3 所示。

表 6-3　"物质组成的表示"第一课时导学案

年级	九年级	单元	第四单元	编制人	魏×	二备人	
学习内容	物质组成的表示（第一课时）			课时数	1	审核人	
学习目标	1. 通过自主探究和合作探究，了解什么是化学式及化学式的意义，了解化学符号中不同位置的数字表示的意义 2. 通过小组合作和证据推理，掌握单质和化合物化学式的读写规律 3. 通过对化学式意义的学习，学会准确表述物质的组成和构成						
学习重点	1. 化学式的意义 2. 单质和化合物化学式的读写规律						
学习难点	化学符号的微观意义，化学用语的正确表述						
学习环节	学习内容						学习笔记
课前自学	写出你知道的常见的单质和化合物的化学式和名称，并和同学讨论一下它的读写规律。						
课中研学	一、化学式 化学式的定义： ——————————————— 二、化学式的意义 【讨论1】模仿 "H_2O" 的意义，说一下 "SO_2" 的意义。 【讨论2】根据 "H_2O" "SO_2" 的意义，试着归纳出由分子构成的物质的化学式的意义。						

学习环节	学习内容	学习笔记
课中研学	 宏观　　　　微观 ←化学式→ 【小试牛刀 1】写出"H_2"的意义。 宏观　　　　微观 ←化学式→ 【讨论 3】符号 H、2H、$2H_2$ 各具有什么意义？ 《表格》 【小试牛刀 2】若用"〇"代表氢原子，请你在表格中画出下列符号的微观粒子示意图。 《表格》	

【讨论 3】表格：

符号	宏观意义	微观意义
H		
2H		
$2H_2$		

【小试牛刀 2】表格：

符号	微观粒子示意图
H	
2H	
H_2	
$2H_2$	

续表

学习环节	学习内容	学习笔记
课中研学	【小试牛刀 3】写出 "Fe" 的意义。 宏观　　　化学式　　　微观 三、化学式的读法和写法 抽盲盒游戏 1. 抽取盲盒：每个小组领 1 份拼盘学案（包含物质名片贴条） 2. 将物质名片按单质、化合物等进行分类粘贴 3. 归纳出常见的不同种类的物质化学式的读写方法 4. 小组进行展示交流 书　写　　　　读　法 纯净物 单质 金属　用____符号表示　读作____名称 部分固态非金属　用____符号表示　读作____名称 稀有气体　用____符号表示　读作____ 非金属气体　元素符号右下角写分子中含有的____个数　读作____ 化合物 氧化物　氧的元素符号写____边 另一种元素的符号写____边　从____边往____边，读作____ 有时读出元素的原子____ 金属元素与非金属元素组成的化合物　金属的元素符号写____边 非金属元素符号写____边　从____边往____边，读作____ 有时读出元素的原子____ 【小试牛刀 4】 1. 写出下列物质的化学式。 铁_____　碳_____　氮气_____　五氧化二磷_____ 2. 读出下列物质的名称。 Ag_____　Si_____　N_2O_5_____ 四、总结	
课后活动	观察家里的一些常见物品（如调味品、食物、药品等）的标签说明，试着写一些所含物质的化学式或名称，并说一下该物质的用途。	

二、通过"学友"互助完成三级任务

在实际课堂教学中，教师首先依据学业成绩将学生进行分层，然后组织学友结对，组建学友小组。可先由班级进行基础组建，各个学科依据学科情况进行微调。

其次，针对课前检测—基础型任务—探究型任务—综合型任务，由不同层次学生进行达成检验。一般基础型任务由学生独立完成，通过抽样展示并促进学生落实。探究型任务以学友组（2人）为单位进行合作探究，并随机抽取学友组进行展示，最后通过当堂检测进一步落实。探究型任务以小组（6~8人）为单位进行合作探究，在探究遇到困难时老师予以点拨，进行疑难辅导，再进行各组展示，最后通过变式检测予以反馈。这既让学生循序渐进地掌握了知识，又让不同知识基础的学生有所选择。

以"物质组成的表示"第一课时"化学式"为例。

首先将班级人数均分为6组。学生分为A、B、C三个层次。在展示时，A组学生展示加1分，B组2分，C组3分，以小组为单位进行积分奖励。

（一）课前检测

学生通过阅读课本以及回顾常见单质和化合物的化学式和名称，并和同学讨论它们的读写规律，对化学式有了基本的了解，为本节课学习奠定了基础。本环节由C组成员进行展示。

（二）基础型任务

本环节较为简单，重点是理解化学式的概念。通过前面学生举的常见化学式的例子，结合课本，在教师的引导下很容易得出化学式的概念。本环节由学生独立完成，然后抽样C组学生进行展示。

（三）探究型任务

（1）第一部分，化学式的意义。首先，在教师的引导下，学生联系前文得到"H_2O"的意义。接着，分小组完成讨论：模仿"H_2O"的意义，说一下"SO_2"的意义。展示B组学生的答案，请其余B组学生进行点评。接着，由特殊到一般，根据"H_2O""SO_2"的意义，试着归纳出由分子构成的物质的化学式的意义。此环节由A组学生完成，教师适当进行补充。接着小组合作完成随堂练习：写出"H_2"的意义。此环节由C组同学进行展示，B组同学进行评价。

（2）第二部分，化学符号的意义。小组内两两合作完成讨论：符号 H、2H、2H$_2$ 各具有什么意义。本环节由学友发言，师友补充。随后完成随堂练习：画出 H、2H、H$_2$、2H$_2$ 的微观粒子示意图、写出 "Fe" 的意义。在展示阶段，前一个随堂练习由 C 组进行展示，后一个随堂练习由 B 组进行展示。通过此环节了解化学式数字的意义，了解化学式的微观意义。

（四）综合型任务

本环节旨在通过游戏和小组合作的方式掌握化学式的读写方式，综合体现学生分析归纳和证据推理的能力。实施方案为小组 6 人一组完成拼图游戏。组长组织游戏，随后 A 组同学汇报展示，教师补充。之后完成随堂练习：书写常见物质的化学式以及读出常见化学式的名称。练习由小组内部进行批改纠正。

具体课堂实录如表 6-4 所示。

表 6-4 "物质组成的表示"第一课时"化学式"课堂实录

教师和学生活动	设计理念
【课前自学】 师：化学式对于化学学习的重要性不言而喻，在之前的学习中我们接触过许多物质的化学式，请大家说下你所知道常见的化学式。 生回答常见物质的化学式。	本环节为课前自学部分，在前面的学习中学生已经学习了部分化学式，知道常见物质的化学式书写方式，以此导入，激发学生兴趣。同时，也为后面通过分类确定化学式的读写方式奠定了基础。
【化学式的概念】 师：在之前的学习中我们接触到了一些物质以及它们的化学符号。这些化学符号由哪几部分组成？ 生：均含有元素符号和数字。 师：我们把这种用元素符号和数字的组合代表物质组成的式子叫作化学式。 师：请大家思考化学式可以任意地书写吗？ 生：不可以。 师：确实，化学式的书写必须依据实验的结果，不能随意编造。	本环节旨在引导学生通过分类归纳的方式得出化学式的意义。同时，以日常最简单的水的化学式为例，让学生了解到状态不同的同种物质化学式相同，也为后续关于水的化学式意义学习进行铺垫。

续表

教师和学生活动	设计理念
师：同种物质可以有不同的化学式吗？水、冰、水蒸气的化学式是什么？ 生：化学式均为 H_2O，每种纯净物的组成是固定不变的，所以表示每种物质组成的化学式只有一个。	
【化学式的意义】 师：化学式有哪些意义呢？这是什么物质的化学式？ 生：是水的化学式。 师：因此可以表示水这种物质。那水由什么组成呢？水由什么构成？ 生：水由氢元素和氧元素组成，水由水分子构成。 师：微观下，水是由一个一个的水分子构成，因此化学式可以表示为一个水分子。请大家注意，在表示一个水分子的时候，前面有系数1，只是省略不写。 师：一个水分子由什么构成呢？ 生：一个水分子由两个氢原子和一个氧原子构成。 师：水的化学式有四种意义，请大家模仿"H_2O"的意义，说一下"SO_2"的意义。 生讨论得出答案如下： （1）表示二氧化硫这种物质； （2）表示二氧化硫是由硫元素和氧元素组成； （3）表示一个二氧化硫分子； （4）表示一个二氧化硫分子是由 2 个氧原子和 1 个硫原子构成。 师：水、二氧化硫都是由分子构成的物质，请大家根据"H_2O""SO_2"的意义，试着归纳出由分子构成的物质的化学式的意义。 生：宏观意义上，① 表示该物质，② 表示该物质的元素组成；微观意义上，③ 表示该物质的一个分子，④ 表示该物质的一个分子的构成。 师：请大家完成小试牛刀1，在学案上写出"H_2"的意义 生完成练习。 生投屏展示答案，学友进行点评，教师补充。	本环节旨在培养学生宏观辨识和微观探析的核心素养。化学式意义的学习是本节课的重难点。在得出化学式的意义时，要求学生从宏观过渡到微观；同时通过阶梯式的追问，引导学生得出水的化学式的意义。接着让学生通过水的意义模仿说出"SO_2"的意义。通过特殊到一般，得出由分子构成的物质的化学式的四重意义。

续表

教师和学生活动	设计理念
【微观符号的意义】 师：到目前为止，我们学习了很多化学符号，以上化学符号各具有什么意义？请同学们讨论完成，并把讨论结果写在导学案上。 生完成练习，汇报结果。 师：大家可以看到这两个符号只有微观意义，他们有什么共同点呢？ 生：元素符号前面均有数字。 师：化学符号前加上数字只能表示微观意义，表示微粒个数。 师：这些符号的微观粒子示意图是怎样的呢？现在，请大家完成小试牛刀 2。好，有请一位同学上来画。 其余同学在导学案上完成练习，一位同学上台展示。 师：前面说的水、二氧化硫、氢气均是由分子构成的物质，那由原子构成的物质化学式有哪些意义呢？请大家在导学案上写出"Fe"的意义。 生投屏展示答案，进行点评。 师：由原子构成的物质化学式意义，宏观上，① 表示该物质，② 表示该物质的元素组成；微观上，③ 表示该物质的一个原子。	本环节是对化学式意义的深入学习。对化学式的微观意义进行进一步解析。
【化学式的读写方式】 师：了解了化学式的意义，我们如何读写化学式呢？现在我们一起玩一个抽盲盒的游戏。每个小组领 1 份拼盘学案（含物质名片贴条）。将物质名片按单质、化合物等进行分类粘贴。请在两分钟内完成。 生完成分类粘贴，投屏展示。 师：我们一起来看一下答案，并一起分析一下金属的书写和读法。注意，写法就是化学式，读法就是名称。金属化学式为元素符号，读作元素名称。现在请大家归纳出其他不同种类的物质化学式的读写方法，并进行展示交流。请在四分钟内完成。 生完成活动，投屏答案，并进行思路解说。 师：即学即练，现在请大家完成小试牛刀 4。 生完成小试牛刀 4，投屏展示。	本环节通过学生活动培养学生证据推理和模型认知的核心素养。通过贴图活动，激发学生兴趣。通过小组合作探究，得出化学式的读写方式，将零散的知识系统化。

续表

教师和学生活动	设计理念
【总结和课后活动】 师：本节课我们学习到了哪些知识呢？ 生：这节课学习到了化学式的定义与意义，以及化学式的书写与读法。 师：化学无处不在，请大家观察家里的一些常见物品（如调味品、食物、药品等）的标签说明，试着写出一些里面所含物质的化学式或名称，并说一下该物质的用途。	总结提升，深化学习。通过课后活动，了解常见物质的化学式，体现化学与生活的联系。

三、根据学生完成情况设计针对性作业或训练

为了诊断学生达成情况，在完成每一级任务时，应设计有针对性的随堂训练，帮助教师掌握不同层次学生的理解情况，及时调整教学策略。同时结合学生总体完成情况，设计有针对性的作业或训练，利用当天限时作业时间当堂完成。这样既能保障学生作业的真实度，减轻学生课后负担，又能进一步检测学生掌握情况。

以"物质组成的表示"第一课时"化学式"为例。

本课时在课中总共设计了四次随堂练习。分别针对探究型任务和综合型任务进行当堂检测和变式检测，了解学生即时学习情况，以便及时调整教学策略。同时，教师还设计了三道课后抽测，以便整体了解学生掌握情况。具体情况如表 6-5 所示。

表 6-5　课后抽测题目设计及目的

题号	题目	目的
1	下列对"SO_2"的认识中，不正确的是（　　） A. 表示二氧化硫这种物质 B. 表示二氧化硫由氧原子和硫原子构成 C. 表示一个二氧化硫分子 D. 表示一个二氧化硫分子由两个氧原子和一个硫原子构成	掌握化学式的意义（课堂例题，较为基础）

续表

题号	题目	目的
2	（1）写出下列物质的化学式 铜＿＿＿　磷＿＿＿　氦气＿＿＿ 四氧化三铁＿＿＿＿＿　氯化钠＿＿＿＿＿ （2）读出下列物质的名称 Au＿＿＿＿　S＿＿＿＿　Ne＿＿＿＿　N_2O_5＿＿＿＿	掌握常见物质的化学式读写方法
3	用化学用语表示下图微粒 ●—氢原子 ○—氧原子 ◉—氮原子 ＿＿＿＿＿＿＿＿＿＿＿	体现化学用语的微观表示（有一定难度）

　　课后抽测情况显示，第一题学生正确率较高，第二题中对于单质化学式书写存在问题（部分学生元素符号写错，显示基础不牢固，需要加强巩固），第三题正确率不到50％，学生对于化学用语的表示的理解存在一定问题。

　　基于此现状，教师设计了如下限时训练内容（表6-6）。

表6-6　限时训练题目设计及目的

题号	题目	目的
1	小林对 CO_2 表示的意义有下面四种理解，你认为错误的是（　　） A. 一个二氧化碳分子 B. 二氧化碳这种物质 C. 二氧化碳由一个碳原子和两个氧原子构成 D. 二氧化碳由碳元素、氧元素组成	巩固化学式的意义

续表

题号	题目	目的
2	水是日常生活中最常见的物质之一，改正划线部位的错误 水由<u>水元素</u>组成 水由<u>氢、氧原子</u>构成 水分子由<u>两个氢原子、一个氧原子</u>构成 水中含有<u>氢分子</u>	进一步巩固化学式的意义，体现化学用语的严谨性
3	下列化学符号中红色数字"2"表示的意义正确的是（　　） A.2N——2个氮元素 C.Ca^{2+}——1个钙离子带2个单位的正电荷 B.Cl$_2$——2个氯原子 D.2O^{2-}——2个氧分子	体现化学符号中各数字的意义
4	写出下列物质的名称或者化学式 N$_2$O$_4$_____　二氧化氯_____ 氟化钠____　氖气____ 硅____　氧气____	巩固化学式的读写方法
5	下列能表示2O$_2$的示意图是（　　） A.　　　B.　　　C.　　　D.	体现化学用语和微观符号的联系
6	谷氨酸是一种酸性氨基酸，化学式为C$_5$H$_9$NO$_4$，它是一种无色晶体，有鲜味，微溶于水，是众多美食中鲜味的来源。下列有关谷氨酸的说法正确的是（　　） A. 谷氨酸中含有四种非金属 B. 谷氨酸分子由碳、氢、氮、氧四种元素组成 C. 一个谷氨酸分子由19个原子构成 D. 谷氨酸由5个碳原子、9个氢原子、1个氮原子2个氧原子构成	化学与生活的联系，同时继续巩固化学式的正确表达

续表

题号	题目	目的
7	用元素符号或化学式填空 （1）五氧化二氮 _____ （2）氯化银 _____ （3）2 个氮气分子 _____ （4）7 个氮原子 _____ （5）1 个氢分子 _____ （6）4 个二氧化碳分子 _____	巩固化学用语

四、通过练习反馈情况获得学生学习效果评价

通过对当天的限时训练结果进行批阅和分析，了解学生的学习情况。例如本案例中，具体情况如下。第 1 题、第 4 题及第 5 题，同学们表现出色。第 2 题和第 6 题涉及化学用语的精确表述，部分同学对此的理解尚欠清晰。例如，在第 6 题中，许多同学误选了 B 项，这反映出他们对物质宏观组成与微观结构之间的关系认识不够透彻。第 3 题和第 7 题着重考查数字与化学符号的融合运用。尽管大部分同学能正确解答此类题目，但仍有一小部分同学在理解不同位置的数字所蕴含的意义时存在困难，需进一步巩固相关知识。

综上所述，本次作业总体反映出了学生对本节课基础知识的扎实掌握，但在灵活性和综合应用方面仍有待提高。在后续教学中更需要针对学生薄弱环节加以深化练习，以促进理解和掌握。

五、通过评价结果促进教师反思优化教学

分析学生当天限时作业的情况，有助于教师对教学进行反思，及时调整教学策略，促进教师和学生同步提高。

以"物质组成的表示"第一课时"化学式"为例。

首先针对课堂情况和作业情况，教师教学反思如下。

本节课内容较为枯燥，主要聚焦于通过活动引导学生理解化学式的意义和化学式的读写方式。通过引入生活中常见的化学物质的化学式，帮助学生达成从化学符号到化学式的认识转变。然而，通过学生课堂反馈情况以及限时作业反馈情况，发现部分学生还是对于化学式的微观意义和化学用语的准确描述感

到困惑，这提醒在后续教学中可以增加更多直观、生动的例子和解释，建立宏观到微观的桥梁。

单纯的理论讲解可能不足以让学生深刻理解这些概念。因此，在未来的教学中，可以利用更多交互方式及信息技术手段来提高学习效果。

同时，学生在课堂上的参与度有待提升。虽然大部分学生能够跟随教学节奏，参与小组合作，但仍有少数学生表现出兴趣不高或注意力不集中的现象。这可能是由于 6 人一组，部分学生难以参与，后续将改进为 4 人一组，增强学生的参与度。

通过限时训练和学情反馈教师了解了学生的学习进展和存在的问题，在后续教学中会更加注重对化学用语的训练，同时针对部分学生存在的问题进行有针对性的指导和调整。

因此，通过教学练评一体化的教学方式，可促进教师教学不断改进，实现学生深度学习。

第四节　教学练评一体化实践成效

在不断探索中，我们的改革风风火火，已见成效。学校办学理念及模式得以完善提升，教师教学观念得到极大改变，课堂教学效率也有了较大提高。同时还促进了学校教学及育人方式的改变，办学品质大幅提升，社会影响力日益增强。

一、学校的转变

（一）社会美誉度提升

通过多年实践，家长在与学生的日常陪伴中，一点一滴地见证了学生的成长和变化。家长感受到了孩子性格变得更加外向开朗，学习变得更加自律和主动。家长们的态度也从反对、不解、疑惑，逐渐变成将信将疑、观望，最后变成信服、信任和支持。

2021 年 12 月 31 日的《中国教育报》"教育视窗"栏目，全文登载了孙奇誉校长的文章《武汉市光谷第七初级中学："五个转变"倒逼作业减量提质》，报道学校课堂教学改革的实践。

（二）教学质量进步

一直以来，学校的生源质量基本不变，但随着教学练评一体化体系的深入推进，课堂效率得到显著提升，学校教学质量不断进步。学校"普高"升学率由十年前的不到 30% 增长到现在的 40% 左右，虽然其间因为拆迁过渡、疫情影响，教学质量有所波动，但整体仍然是上升趋势，10 个百分点左右的增幅，充分证明了我校教学改革的成果，让我校从一个偏远薄弱的农村学校一举跃升为全区的中间梯队。

学校先后被授予"东湖高新区中小学 2019—2020 学年度教育教学质量管理先进单位""东湖高新区 2021—2022 学年度学校教育质量评价优秀单位""东湖高新区 2021—2022 学年度学校教育质量管理进步单位""东湖高新区 2022—2023 学年度学校教育质量评价优秀单位""东湖高新区 2022—2023 学年度学校教育质量管理进步单位"。

（三）辐射影响扩大

2023 年 12 月，宜昌市龙泉中学、武汉市第二十五中学、卓刀泉中学张家湾分校等省内外兄弟学校了解到我校"教学练评一体化"体系改革所取得的成绩后，带领学校的领导班子、中层干部和各学科教研组长来校学习指导，全程参与听评课，并就部分细节与我校领导和教师进行了交流。大家一致表示，作为一所偏远地区的薄弱中学，"教学练评一体化"体系教学改革成果扎实可靠，经验典型可示范，策略具体能推广。同时经过不断总结提升，我校出版专著 2 部，编印校本教材 35 册，在各级各类教学会议上做报告交流 26 人次；教师发表教学论文 80 余篇，其中国家级期刊 26 篇，省级期刊 20 篇，市级期刊 37 篇，获得区级以上奖励的教学案例 50 余篇，其中我校"双减"案例获评为 2023 年武汉市"双减"特色案例；开展相关课题研究 3 项，均顺利结题；教师参与区级以上教学示范 50 余次，均获得一致好评。

二、教师的转变

（一）教学方式改变

在传统的初中课堂教学中，教师主要通过讲授来传递知识。讲授这一教学行为占了课堂教学的相当大的比例。教师喜欢讲，导致教师付出很多，学生却没有得到所期望的发展。推进教学改革的过程之初，最难转变的就是教师的观念和行为习惯。新的教学模式要大幅度地减少教师的讲授，教师心里总是不踏实：我不讲了，学生能学好吗？

通过多次专家培训、理论学习和教学实践，教师逐渐认识到：教师的讲授减少，工作并没有变得轻松，相反面临更大的挑战。在完整的教学活动过程中，教师的作用转变为选择资源、设计教学、激发动机、方指导法、示范动作、课堂交互、过程反馈、评价效果等。教师认识到：好多内容，我不讲，学生自主探究也可以学会；学生通过学友研讨，最后小组展示出来，说明讲得对，是真的学会了！

"教学练评一体化"体系实现了从传统的教师（讲授）中心教学观念向学习中心教学观念的艰难转变。教师从讲台走向学生，不再作为课堂的控制者和主导者，而是作为学生的帮助者和引导者，给予学生更多自主支配的机会。教师更多地关注学生的学习过程，更多地站在学生的角度去思考问题，理解并尊重学生，通过课堂交互，及时解决学生提出的问题，促进学生核心素养的形成。[1]

（二）教学模式创新

（1）实现了教学练评一体化的教学过程结构性的变化。学生以导学案为载体，课前自主预习。教师通过批阅导学案，结合反馈的具体情况进行二次备课。课堂上，教师首先设计基础型任务，学生独立完成后进行抽样展示，然后设计探究型任务，组织学生以学友组为单位，交流讨论，解决个人自学中存在的问题。最后根据暴露出的学生个人学和学友学都不能解决的共性问题，引导学生小组合作，上台展示，在教师的帮助下，集中精力完成有模型认知功能的综合型任务。课后通过导学案的迁移应用，进行 30 分钟限时训练，巩固反馈学习成果。

---

[1] 胡书英. 基于学生核心素养的教师教学方式的转变 [J]. 教育科学论坛，2016（20）：12-14.

（2）重视"学友"互助小组的建设，充分发挥了课堂上学友互助的作用。通过适当增加课堂上学友合作探究的活动时间，设计学生小组讨论、抽样展示等信息输出式的表达活动，引导每一名学生在学友互助小组中积极参与讨论交流，扩大学生学习的参与面，倒逼、促进和激发学生深入参与学习活动。

（三）职业倦怠化解

苏霍姆林斯基说过："如果你想让教师的劳动能够给教师带来乐趣，使天天上课不至于变成一种单调乏味的义务，那你就应当引导每一位教师走上从事研究这条幸福的道路上来。"[①] 新的教学模式从根本上颠覆了传统的教学方法，课堂上的任务由教师设计，让学生自己完成，被"解放"的学生还可以向包括教师、课本在内的权威挑战，提出问题和解决方法，闪烁创新的火花，可能让教师激动不已，有时甚至措手不及。在这样的背景下，迫使倦怠的教师忙碌起来，如果不加强学习、开阔视野，不认真开展教育教学研究，就适应不了教学改革的需要。

（四）班级管理减负

通过一系列的基于心理学的小组建设策略，在尊重学生意愿的前提下，结合学生学业水平和性格特点，组建 6～8 人的学习小组，每个小组包含 3～4 对结对学友。学习小组组内异质，组间同质，不定期微调，以小组为单位安排学习、生活等活动，建立捆绑评价机制。在班级这个集体中，引导学生更多地在小组这个小集体内合作交往，在学友对子内互助帮扶，提高人际交流技能和心理健康水平，对"互助学习，惠己及人"合作理念产生价值认同，并形成共同的行为规范，增强学生团结意识和集体荣誉感，班级凝聚力增强，管理减负。

（五）专业发展显著

教学改革实践提高了教师的整体素质，为了更好地适应新的课堂教学模式，他们积极搜集信息、查阅资料、读书学习、交流研讨，提高了教师自主学习的积极性，教师们的业务水平及教学效率有了显著提升。学校涌现出一批钻研高效课堂，并在实践中努力践行的标杆教师。多名教师被评为区"减负增效能手"，区高效课堂建设"标杆教师"，1 人荣获"荆楚教育名家"称号等。另外，老师们在教学研究和实践中，积极撰写论文、研究课堂，取得丰硕成果。

---

① 邓旦斌. 农村中小学艺术师资存在的问题与对策 [J]. 教师，2007（Z1）：91-92.

近几年来，学校分别有近210人在全国、省市区级各项教学评比中获奖。其中获得区一等奖60项，一等奖获奖率较之以前有了大幅提升。论文获奖143项，有40名教师在各级公开期刊上发表文章。

三、学生的转变

（一）学习方式改变

在传统的初中课堂教学中，主要是教师讲，学生听。学生学习方式是机械、被动、单一的。通过三年多的教学实践，学生从初期在课堂上表现得内向、胆小、害羞，不敢登上讲台面对大家展示，也不会表达、板书，逐渐转变为外向、大胆、大方、开朗，敢于主动表达观点，板书清晰、语言准确有条理。在"教学练评一体化"体系中，课堂以任务驱动，学生需要先个人自主独立完成基础型任务，然后学友互助完成探究型任务，再通过小组合作及教师点拨完成综合型任务；"学友"合作激发了学生的学习兴趣，给予每一个学生展示自己的机会，促进学生参与课堂。学生通过同伴互助分享的学习过程，交流思想方法，真正实现了学为中心，共学共进。学习方式是自主、合作、探究式的。

（二）厌学情绪排解

过去的师生人际关系普遍存在的教师中心主义和管理主义倾向，教师讲，学生听；教师问，学生答。学生按照教师的意志去听、去想、去练，容易产生"厌学"情绪。偏远地区的孩子更需要教师的关爱、尊重，更需要尽最大可能营造民主、平等、和谐的教学氛围。教学改革让全体教师树立了正确的学生观，搬掉讲台，重新认识学生，走近学生，真正确立学生在课堂教学中的主体地位。[1] 教师核心能力是组织学生自主有效地参与学习，回归教育的本源，相信学生，赞美学生，全面依靠学生，高度尊重学生。这带来的是学生学习行为开始由被动转向主动，学习情感开始由厌学转向乐学，开始学会在小组合作和"学友"互助中分享学习的快乐，在展示交流中展现与众不同的想象与创造。[2] 师生间的关系平等融洽了，学生越来越自信了，课堂成为学生发现问题、质疑问题的场所，成为引发师生共振的磁场，不再容易因厌学而辍学。

---

[1] 于利军.树立全新理念 推进农村课改［J］.小学教学参考，2005（36）：11.
[2] 王玲.黄沙百战穿金甲，不破楼兰终不还——记乐亭县姜各庄初级中学的课改之路［J］.名师在线，2018（36）：95-96.

（三）素养全面提升

在"教学练评一体化"体系中，学生的预习及独立思考能力显著增强，同时语言表达及合作分享能力也有较大提升。特别是学校开展了涵盖体艺、信息、文学、科学、英语、综合等丰富多彩的社团课程，许多学生都能自主选择自己喜欢的课程，积极参与活动，发挥个性特长。这不仅使学生具有了学习知识的能力，更培养了他们的实践和创新能力。学校获得市区级优秀学生的人数逐年增加，在各级各类比赛中获奖的学生人数和等次也大幅提升，校文学社团学生曾在区"国文国风"朗诵比赛中获一等奖，其中龙安格同学获得中学组特等奖第一名；我校田径队曾在区田径比赛中获团体总分第四名，篮球队在全区篮球联赛中获第二名，跆拳道社团的学生们在省市级比赛中获一、二等奖的有30人次以上。

参考文献

［1］王鑫霞.《义务教育课程标准（2022 年版）》价值取向与实践路径［J］. 文教资料，2023（14）：135-139.

［2］陈雅. 任务驱动教学中任务设计的时机与策略［J］. 小学数学教育，2023（8）：23-24.

［3］郭世卫. 导单助学，丰厚素养：科学导学单的意义、设计与应用［J］. 小学教学研究，2023（12）：76-77.

［4］王珏. 基于任务驱动的分层教学法在初中化学中的应用研究［D］. 重庆：西南大学，2023.

［5］庄敏. 初中语文课堂小组合作学习研究［J］. 课外语文（下），2017（2）：92.

［6］张冰洁. 课堂中合作小组学习问题及对策研究［D］. 南京：南京师范大学，2013.

［7］艾杨杨. 合作学习中小组合作文化建设研究［D］. 开封：河南大学，2015.

［8］刘火苟. 小组合作学习成效的关键在于合作文化［J］. 福建基础教育研究，2020（10）：8-12.

［9］张冬梅. 合作学习组织优化策略探究［J］. 教育科学论坛，2009（6）：16-19.

［10］陈欣悦，许俊翠，丁俊月. 国内初中化学作业设计研究现状——基于 CNKI 数据库中学术期刊和学位论文的分析［J］. 化学教与学，2022（22）：6-10.

［11］蔡琴．"双减"背景下初中数学作业分层设计的实践策略［J］．教育视野，2023（13）：7.

［12］邹春蕾．"双减"背景下初中数学作业分层优化设计研究策略［J］．教改前沿，2023（11）：114-116.

［13］周广．刍议"以退为进"在化学教学中的运用［J］．化学教与学，2024（10）：72，83.

［14］中华人民共和国教育部．教育部办公厅关于加强义务教育学校考试管理的通知［EB/OL］．［2021-08-30］．http：//www. moe. gov. cn/srcsite/A06/s3321/202108/t20210830 _ 555640. html.

［15］肖龙海，管颐．新课堂：表现性学习与评估一体化［J］．课程·教材·教法，2017（3）：18-23.

［16］朱江华，程良宏，李欢欢．生成性教学的实践落差与价值回归［J］．中国教育学刊，2016（4）：56-61.

［17］魏宏聚．教学切片分析：课堂诊断的新视角［J］．教育科学研究，2019（2）：63-67.

［18］史宁中．《义务教育数学课程标准（2022年版）》的修订与核心素养［J］．教师教育学报，2022（3）：92-96.

［19］周文洁．推动教学评一体化课程改革落地的学校管理路径探索——以北海市实验学校为例［J］．教育界，2023（25）：2-4.

［20］李婵娟．高中数学实施"导学案"，打造高效课堂［J］．课程教育研究，2015（32）：145.

［21］佘妮妮．以评促教，以教促学——浅析"教—学—评"一体化在小学英语教学中的实践［J］．校园英语，2024（16）：117-119.

［22］胡书英．基于学生核心素养的教师教学方式的转变［J］．教育科学论坛，2016（20）：12-14.

［23］邓旦斌．农村中小学艺术师资存在的问题与对策［J］．教师，2007（Z1）：91-92.

［24］于利军．树立全新理念 推进农村课改［J］．小学教学参考，2005（36）：11.

［25］王玲．黄沙百战穿金甲，不破楼兰终不还——记乐亭县姜各庄初级中学的课改之路［J］．名师在线，2018（36）：95-96.